원력

원 력 願力

초판 1쇄 펴냄 | 2008년 6월 18일
초판 2쇄 펴냄 | 2008년 7월 3일
초판 3쇄 펴냄 | 2008년 8월 31일

지 은 이 | 혜인慧印 스님
사 진 | 성원性圓 스님
펴 낸 이 | 오세룡
펴 낸 곳 | 클리어마인드_(주)지오비스
등록번호 | 제 300-2005-54호
주 소 | 서울시 종로구 수송동 58 두산위브파빌리온 736호
전 화 | 02)2198-5151, 팩스 | 02)2198-5153
디 자 인 | 현대북스 051)244-1251

ISBN 978-89-93293-00-5   03810

클리어마인드는 (주)지오비스의 출판브랜드입니다.
이 책은 저작권 법에 따라 보호받는 저작물이므로 무단전재와 복제를 금지하며,
이 책 내용의 전부 또는 일부를 이용하려면
반드시 저작권자 클리어마인드_(주)지오비스의 서면동의를 받아야 합니다.

정가 10,000원

원력

혜인慧印 지음

클리어마인드
CLEARMIND

| 책 머리에 |

신심信心은 불심佛心이요
원력願力은 보살의 마음입니다

우리 모두의 주인공은 마음이며 그 마음이 바로 진불眞佛이라는 뜻입니다. 불성부종심외득佛性不從心外得이라고 했으니 마음 밖에서는 그 무슨 수행修行을 하여도 성불成佛할 수 없음을 뜻합니다.

신심信心은 인과因果를 믿는 것이고 부처님의 가피력을 믿는 것입니다. 항상 몸과 입을 조심하고 마음을 가다듬어 생활하면서 꾸준히 기도하고 정진精進한다면 누구나 뜻을 이루면서 행복하게 살 수 있을 것입니다.

진리眞理의 법왕法王이신 부처님의 은혜를 갚는 길은 불법佛法을 보다 널리 전하여 우주법계에 법의 수레가 끊임없이 굴러가도록 하는 동시에 자신自身의 수행을 게을리 하지 않는 것임을 생각하고 모든 불자의 사명으로 여기며 살도록 노력합시다.

이 세상에 근심 걱정 없이 살아가는 사람이 어디 있겠습니까? 괴롭고 분하고 억울하더라도 남을 원망하거나 미워하지 말고 아무리 어렵고 힘이 들더라도 자포자기 하지 마시고 신심과 원력을 가지고 힘차게 살아보십시오. 신심信心과 원력願力은 우리 모든 불자의 꿈과 희망을 반드시 성취시킬 수 있는 불가사의한 힘을 얻게 할 것입니다.

누군가가 혜인慧印에게 과연 무엇이 있느냐하고 묻는다면 '온갖 것이 모두다 허물투성이인데 단 한 가지 조그마한 신심과 원력이 있을 뿐 입니다.' 라고 할 것입니다.

오직 우리 불자들의 신심이 더욱 깊어지고 원력을 키워 가면서 열심히 살아가길 바라오며 그 동안 설법했던 내용을 모으고 다듬어서 신심과 원력이라는 두 권의 책을 엮어보았습니다.

아무쪼록 이 책이 가정에는 화목의 꽃이 피게 하고 만나는 사람 사람의 가슴속에 희망과 용기를 싹트게 하여 신심과 원력으로 보살의 강을 건너 우리 모두 부처의 동산에 오르는 성불도반이 되기를 발원합니다.

2008년 5월 도락산道樂山 혜인慧印

| 추천사 |

구도자나 수행자들에게 등불이 …….

 사람은 누구나 평화平和와 행복幸福과 진리眞理를 추구하는 존재다. 그러나 행복은 몽환도 아니요 체념이나 망각으로 얻어지는 것은 절대 아니다. 그것은 부처님의 진실한 가르침을 믿고 우리 자신의 무한無限한 불성佛性을 개발하기 위하여 신심信心과 원력願力을 가지고 지속적인 노력으로 열어가는 데 있다.
 행복은 또 어떤 권능자權能者가 주어서 얻어지는 것도 아니다. 불조佛祖의 진실불허眞實不虛한 말씀을 따라 실천實踐하는데 무한한 공덕功德과 참 생명의 실존實存이 틀림없이 나타난다는 사실이다.
 더구나 생사장야生死長夜의 고해苦海에서 벗어나는 길이 쉬운 일이겠는가?
 혜인 선사慧印禪師는 동진 출가하여 일생을 신심과 원력으로 정진했다. 젊어서는 백만배의 참회기도懺悔祈禱를 하여 설통舌通의 감응感應을 성취하고 때로는 기도로써 염불삼매念佛三昧에 들며, 때로는 선실禪室에 칩거蟄居하여 적이상조寂而常照하고 조이상적照而常寂한 선정禪定

에 유희遊戱하기도 했다.

혜인 선사가 평소에 실천궁행實踐躬行했던 경험經驗들을 책으로 펴냈다. 거기엔 전국 방방곡곡을 다니며 사부대중四部大衆을 향하여 고구정령 토설吐說했던 감동적이고 교훈적인 내용들로 짜여 있다.

향상일구向上一句는 언설言說로 접근接近이 불가능한 것이로되, 등불이 아니면 암실暗室의 실물은 볼 수 없고 언어言語의 방편方便이 아니면 수행장정修行長程의 진면목眞面目을 어떻게 짐작이나 하겠는가?

혜인 선사의 신심과 원력의 책은 현재 구도자求道者나 미래의 수행자修行者들에게 지남指南의 등불이 되고 귀감龜鑑의 교훈이 될 것이다.

2008년 5월.

설정雪靖

| 추천사 |

태양의 열기처럼 타오르는 신심과 원력

혜인慧印스님께서 책을 내셨습니다.

기다리던 일이 성취되어 참으로 기쁘고 반갑습니다.

그 책 내용과 이름이 한 권은『신심』이고 또 한 권은『원력』입니다. 어쩌면 이렇게도 혜인 스님의 수행과 삶이 잘 나타나 있는 지 참으로 축착합착築着合着입니다.

스님은 동진童眞출가하여 그동안 깊은 신심과 높은 원력으로 젊어서는 백 만 배의 절을 하여 한국불교의 역사를 장식하였고 그 후에는 전국의 방방곡곡에서 법을 설하시어 수많은 사람들을 울리기도 하고 웃기기도 하는 명 법문名法門으로 너무나도 유명하여 설명이 더 이상 필요하지 않은 스님이십니다.

설법을 통하여 중생교화를 펴는 한편 또한 약천사와 광덕사 등 역사에 남을 큰 절을 창건하여 수행도량과 설법의 장을 스스로 마련하기도 하였습니다. 또한 근년에는 수선납자修禪衲子가 되어 옛날 선원에서의 그 서릿발 같던 선객의 기개를 더욱 빛내고 있습니다.

스님은 참으로 이理와 사事에 막힘이 없고 선禪과 교教를 겸수하시어 모든 수행차의 귀감이 되고 있습니다. 참으로 스님의 일상은 마치 태양의 열기처럼 지칠 줄 모르고 활활 타오르듯 하여 눈이 부십니다. 그것은 오직 어느 누구도 흉내 내지 못할 신심과 원력의 실천행이 넘쳐나기 때문입니다.

이와 같은 스님의 삶이 어찌 두 권의 책으로 다 표현될 수 있으랴 만은 아쉬운 대로 저희들은 이 금과옥조金科玉條와도 같은 스님의 가르침을 통하여 만분의 일이라도 그 청아한 음성을 느끼고 들으면 반드시 눈물을 머금도록 하는 명 법문을 미루어 가슴에 새길 수 있으리라 생각합니다.

사람들을 그토록 감동시키던 그 법문이 이제 글로 화하고 책으로 엮어져서 세상의 빛을 보게 되어 기쁘기 그지없습니다. 이 다행스런 인연을 함께 할 수 있게 된 모든 도반道伴들과 법우法友님들의 행운입니다.

언제나 머리맡에 두고 수시로 함께하여 스님의 신심과 원력에 동참하기를 간절히 추천하는 바입니다.

　　　　　　　　　　2008년 봄, 범어사 한주 여천如天 무비無比 삼가 씀

| 추천사 |

혜인 스님의 책
信心, 願力

詩人 · 고은 高銀

처절한지고

저 가야산 팔만대장경각 안에서

하루 5천배를

2백일 동안 이어간 발원

지극한지고

콧피 범벅

무릎 곯은 몸 일으키고 일으켜

1백만 배를 다한 참회

무서운지고!
무서운지고.
20년간 잠과 잠 사이
오로지 관세음보살
아미타불을 부른 공덕
어찌 이 찬란한 발원과 신심이
천년 정토 이루지 못하랴.

한국불교의 오늘
이런 스님의 바다 성품 계시어
새로 열리는 구나.

장엄한지고
여기 가장 어려운 길이 가장 쉬운
길라잡이를 만나 훤히 트였구나.
이 길 따라 가고 가면 되는구나.

차례

기도의 힘

관세음보살 정근과 그 가피 • 18
지옥 문을 여는 지장보살의 원력 • 29
나와 남을 살리는 방생 • 59
나한기도의 영험 • 71

인과와 참회수행

마음밭에 심는 씨앗 • 86
인과의 원인이 되는 마음씨 • 89
인과에 대한 믿음은 행복의 열쇠 • 99
수행의 토대가 되는 참회 • 114
업장을 씻는 참회 • 121
아상을 녹이는 참회 • 129
참회는 번뇌망상의 진공청소기 • 137
생활 속의 참회법 • 146

보살계 심지법문과 10중대계

    보살계 심지법문과 10중대계의 실천 • 152
    살생하지 말고 살려주라 • 162
    훔치지 말라 • 170
    음행하지 말라 • 178
    거짓말 하지 말라 • 181
    술을 팔지 말라 • 184
    사부대중의 허물을 말하지 말라 • 188
    자신을 칭찬하고 남을 비방하지 말라 • 191
    자기 것을 아끼려고 남을 욕하지 말라 • 194
    화내지 말고 참회하면 잘 받아 주라 • 196
    삼보를 비방하지 말라 • 199

대승보살의 수행

    해와 달처럼 베풀어라 • 206
    참을 수 없는 것을 참는 인욕바라밀 • 216
    하심 • 225
    대승보살의 수행 • 233
    보현보살의 열 가지 행원과 실천 • 261

기 도 의   힘

주먹만한 돌도 물 위에 던지면 그냥 가라앉지만,
무거운 돌도 배에 실으면 가라앉지 않는다.
불·보살님과 같은 큰 성인에 의지해 기도하는 것은
기차나 비행기, 배를 타고 고통의 바다를 건너
해탈의 세계로 건너가는 것과 같다.

#1 기도의 힘

관세음보살 정근과
그 가피

『화엄경』에 이런 말씀이 나온다.

약인욕식불경계 당정기의여허공 若人欲識佛境界 當淨其意如虛空
원리망상급제취 영심소향개무애 遠離妄想及諸取 令心所向皆無碍

"만약에 사람이 부처님의 경계를 알고자 한다면
마땅히 그 뜻을 허공과 같이 할 것이요,
잘못된 생각과 분별 망상을 멀리 여의면
그대 마음 향하는 길에 걸림이 없으리라."

산처럼 높아져 있는 아상我相을 더 높여 남을 무시하고 멸시하고 가슴을 아프게 한다면 어찌 자비로우신 부처님의 제자라 하겠는가. 자신의 아만을 꺾기 전에는 어떤 불공을 하더라도 그 공덕을 받기가 어렵다. 먼저 산처럼 높아져 있는 아만의 산을 뭉개버려야만 그것이 밭이 되어 그곳에 곡식도 심고 나무도 가꿀 수 있다. 마음 한 가운데 버티고 있는 자갈과 가시덤불을 다 치워내고 옥토를 만든 그 밭에 복덕과 지혜와 공덕의 종자를 뿌리는 것이 진정한 기도의 마음가짐이다. 멀리에서 찾지 말고 마땅히 그 마음을 가라앉히고 뜻을 깨끗이 하기를 허공과 같이 만들라는 말이다.

따라서 부처가 되고 싶으면 마음을 허공과 같이 깨끗하게 비우고 잘못된 생각, 잘못된 집착을 버리고 늘 내 생각 속에서 걸림 없이 행동하고 자신의 생각을 부처님 말씀, 부처님 성품에 가까이 가도록 노력해야 한다.

나는 어린 시절, 그러니까 열 다섯 살 때부터 부처님과 인연을 맺고 중학교시절 학생회로 출발해 결국 '이 길이구나.' 하는 생각에 열 여섯에 계를 받아 중이 되었다. 50여 년의 중생활 동안, 나는 누가 뭐라 해도 절 한번 하는 공덕, 관세음보살 한번 부르는 공덕, 나무아미타불 한번 부르는 공덕이 결코 허사가 아니라는 것을 지금까지 명명백백하게 느끼며 살아오고 있다.

나는 강원도 산골 백운사라는 사찰에서 생활을 했는데 하루에 나무 여섯 짐을 해야 점심을 주는 '일일부작 일일불식 一日不作 一日不食'이 확실한 사찰에서 살았다. 때문에 눈이 많이 와서 나무 못하는 날은 점심을 못 먹었는데 한참 먹을 나이라 그런지 동지섣달 긴긴 밤 배에서 꼬르륵 소리는 나는데 먹을 것은 없고 할 수 없이 동치미 담궈놓은 김치라도 먹어서 배를 채울 정도로 고생을 했다.

하루는 개울가에서 빨래를 한참 하던 우리를 향해 공양주 보살이 바가지에 밥을 퍼 와서는 "호랑이(주지스님) 주문진 내려갔으니까 빨리 먹어, 빨리 퍼 먹어, 어서 먹어." 하면 우리는 반찬도 없이 그 밥을 손으로 허겁지겁 먹었다. 그때 그 사찰의 공양주 보살님이 보기에도 어린 아이들이 너무 안쓰럽다는 생각에 그랬나보다.

그래서 우리는 그 당시 주지스님이 출타하면 그 날이 밥 먹는 날이라는 생각을 했다. 밥뿐만 아니라 그 당시에는 편지를 쓰려면 우표 살 돈이 있나, 양말 한 켤레 사줄 사람이 있나, 추운 겨울 입고 지낼 내복 한 벌 사줄 사람이 있나, 정말 내가 전생에 복을 너무 못 지어서 그런가 하는 생각이 들 정도였다. 참으로 어려운 생활을 했다. 그렇지만 모두 지나고 보니 참 아름다운 추억이다.

그때 당시 나는 한 평생 신도고 뭐고 아무 것도 없겠구나 싶었지만 소원이 하나 있었다. 서울 조계사 법당에서 큰스님이 법문을 하시는데 그 모습이 얼마나 부러웠던지, 나도 다음에 커서 꼭 저 자리에서 법문 한번 해봤으면 했는데 지금 와서 보니 그 소원이 어느새 이루어져 있는 것 같다.

이 모든 힘이 어디에서 나와서 이 소원이 이뤄졌을까 가만히 생각해보니 하나는 합천 해인사 팔만대장경각에서 하루 5천번씩 2백일 동안 코피를 냉수 마시듯 하면서 무릎이 곪을 때까지 백만 배를 하며 부처님께 참회한 그 공덕이요, 또 하나는 시도 때도 없이 관세음보살을 20년 동안 부른 공덕이라고 생각된다.

극락이라고 하는 것은 마음고향에 있는 것이요, 참 부처, 참 아미타불은 자기 자성自性이다. 그러니 내가 부처를 부르고, 내 부처를 내가 찾아야겠다고 생각하니 항상 나무아미타불을 부르게 된다. 모두 그 공덕인 것이다. 그 이후에는 발길 닿는 곳마다 좋은 일만 생겨났다. 관세음보살, 나무아미타불을 부르는 공덕이 참으로 크다는 것은 내가 평생을 중 노릇 해오면서 몸으로 직접 경험한 것이다.

그래서 정말 전생에 많이 닦지 못해 어렵고 박복한 신세라는 생각을 가졌던 내가 관세음보살을 부르고, 부처님께 절을 하고, 기도를 하고, 참선을 하고, 염불을 하니, 그 공덕 하나하나가 모든 구름을 걷어 내고 밝은 태양이 비치듯 인생이 새롭게 피어난다. 이 우주 만물은 봄 기운이라는 것이 있어 꽃 피고 새 울고 얼음이 녹아 물을 만들 듯 관세음보살님의 가피력과 모든 부처님께 기도하는 힘이 바로 불가사의不可思議한 힘이라는 것을 명심하라.

『관세음보살 보문품』에는 관세음보살 정근의 공덕을 이렇게 찬탄하고 있다.

"무진의보살은 잘 들어라. 관세음보살을 부르는 자는 물에 들어가도 빠져죽지 않을 것이며, 불에 들어가도 타죽지 않을 것이며, 높은 산에 올라가서 악한 자에게 밀려 낭떠러지에 떨어진다 해도 다치지 않으리라. 죄가 있거나 없거나 수갑을 채우고 쇠사슬에 묶여 감옥살이를 해도 관세음보살을 부르는 사람은 해탈을 얻으리라. 악한 짐승, 나쁜 귀신들이나 혹은 태풍에 밀려도 결코 거기서 다치지 않고 살아가리라.

아들을 원하는 자여, 관세음보살을 부르라. 귀한 아들을 얻으리라. 딸을 구하는 자여, 지극한 마음으로 관세음보살을 부르라. 생각생각에 마음을 항상 관세음보살에게 두어라. 우는 아이에게 젖을 주듯이 관세음보살은 그대의 음성속에 무엇을 원하는지 다 알고 서른두 가지 몸을 나눠 중생을 이익되게 하고 그들의 고통을 나눈다. 명의가 가지가지 방법으로 환자의 아픔을 알아서 치료하듯이 관세음보살은 큰 의사이니 중생의 고통과 모든 근심 걱정을 다 해결해주신다."

다음은 실제 있었던 관세음보살의 가피력에 관한 이야기이다.

만해 스님과 관세음보살의 가피력

일제강점기 청일전쟁 당시, 만해 한용운 스님이 서울의 작은 토굴에 살고 있었다. 그때는 학도병으로 우리 젊은이들이 끌려갈 때였다.

어느 보살이 삼대 독자인 아들을 전쟁터에 보내놓고 걱정을 하니, 주위에서 만해 큰스님을 찾아보라 하여 스님을 찾았다. 만해 스님은 "생각생각에 언제든지 관세음보살을 찾으라. 좋은 일이 있거나 나쁜 일이 있거나 자나 깨나 관세음보살을 찾으라." 했다.

그 어머니는 아들을 살리기 위해 일념으로 관세음보살을 불렀다. 아들에게도 편지에 관세음보살을 염할 것을 당부했다. 그런데 얼마 후 아들이 죽었다는 부고(訃告)가 오고 유골이 왔다. 얼마나 황당했겠는가?

그 보살은 낙심하여 '관세음보살이고 부처님이고 필요 없구나.' 하고 생각했다. 49재를 지내고 자기 팔자를 한탄하며 실컷 울고 '자기도 죽으리라.' 식음을 전폐했는데 갑자기 밖에서 "어머니, 어머니!" 하며 아들의 목소리가 들렸다.

보살은 귀를 의심하고 '혹 귀신이 온 것 아닌가?' 하며 문을 여니 군복 입은 아들이 서 있었다. '아니, 귀신도 꼭 사람과 같네.' 하며 나가보니 귀신이 아닌 진짜 자기 아들이었다.

아들은 "어머니 중국에 왔었지요?" 하며 묻는데, 사연을 듣고 보니 이러했다.

아들이 중국으로 끌려가 총알이 콩 볶듯 하는 중에 하루는 보초를 서는데, 산 너머에서 "재명아, 재명아!" 하면서 어머니가 부르더란다. 그래서 '어차피 죽을 목숨, 중국까지 찾아온 어머니나 만나고 죽자.'라며 개울 밑으로 도망쳐 어머니에게 가는데, 어머니 목소리는 계속 멀어져 갔다. 결국 어머니는 못 찾고 날이 새 다시 부대로 돌아와 보니 전우가 한 명도 남지 않고 모두 전사한 후였다.

그래 혼자서 49일간을 걸어서 돌아온 것이었다. 보살과 아들은 관세음보살의 가피력으로 살아났음을 알고 감사의 뜻으로 살던 집을 관음암으로 바꾸어 평생 기도하면서 살았다.

국수경과 만두경

재미난 이야기로 팔만대장경 중에는 국수경과 만두경도 있다고 하는데 그 우스운 이야기는 다음과 같다. 어느 노보살이 하루는 암자에서 '관시엄보살, 관시엄보살' 하며 관음기도를 열심히 하고 있는데 곁에서 듣던 다른 보살이 킥킥 비웃으며 조롱했다. '관셈보살, 관셈보살'이라 해야 할 염불을 "관시엄보살"이라 하니 올바른 불자가 아닌 게 분명하다는 것이었다.

일생 동안 '관시엄보살' 염불로 영험도 많이 얻었고 공력도 늘었다고 생각하는 노보살은 화가 치밀어서 관음기도는 '관시엄보살'이라 올려야 된다고 우겼다.

'관셈보살'이라 주장하는 다른 보살이 더욱 비웃으며 조롱하였으므로 두 보살은 심하게 다투게 되었다. 드디어 노선사께 다음 날 재판을 받아 흑백을 가리기로 하고 두 보살은 분한 마음을 가라앉혔다.

그런데 다음 날에 있을 판정이 걱정이 된 노보살은 곰곰이 생각하던 끝에 노스님께서 좋아하시는 국수를 끓여 뇌물(?)로 드리며 '관시엄보살'이라 하는 것이 옳다고 판정을 내려달라고 부탁했다. 약속을 다짐하는 노보살에게서 맛있는 국수를 받아 다 드신 우리의 노선사께서는 눈만 껌벅이시며 묵묵히 긍정의 약속을 하셨다.

이날 밤중에 또 한 보살이 역시 비밀리에 만두를 맛있게 빚어 노선사를 예방(?)하여 '관셈보살'이 옳다는 판정을 내려달라고 부탁했다. 만두를 흡족하게 드신 큰스님은 재판 부탁을 경청하신 후 쾌히 '관셈보살'이라고 주장하는 이 보살을 지원하기로 약속하였다.

이에 불안해진 사람들은 오히려 옆에서 이 광경을 지켜보던 시자스님들이었다.

'아니, 도인께서 거짓으로 약속하지는 않으실텐데, 양쪽의 뇌물을 다 받아 잡수셨으니 이를 어떻게 하실 것인가?'

더욱 놀라운 것은 아주 기분좋은 두 공양 끝에 태평히 잠드시는 큰스님의 심중을 헤아릴 길이 없는데 있었다.

다음 날, 호기심 많은 신도와 스님들 앞에서 벌어진 재판은 양측 다 자신만만했다.

'도인께서 나를 지지하기로 했으니 걱정없다.'고 생각하며 서로 만만히 나서서 노선사께 판정을 서둘러 구하는 것이었고 노선사는 묵묵히 계시다가 시침 뚝 떼고 한마디를 하셨다.

"에, '국수경'에는 '관시엄보살'이 맞고 '만두경'에는 '관솀보살'이 맞느니라. 에헴!"

하시고는 유유히 방으로 들어가시더라는 이야기다.

지장보살 큰 성인의 위신력은

갠지스강 모래 같은 오랜 겁 동안

두고두고 연설해도 다 할 수 없네.

잠깐 사이 지장보살 거룩한 모습

우러러 쳐다보고 예배하여도

인간 천상 이익된 일 한량없으리.

지옥 문을 여는 지장보살의 원력

가사백천겁假使百千劫이라도 소작업所作業은 불망不亡하여
인연회우시因緣會遇時에 과보환자수果報還自受니라.

중생이 지은 온갖 행위는 백천 겁을 지난다 해도 없어지지 아니하여 인연이 결합되는 때에 가서는 그 과보를 스스로 받아야 하느니라.

사람들은 100년도 못 사는 인생 동안 몸과 입과 생각으로 한량없는 죄를 짓는다. 전생에 지은 죄로 인해 걱정과 괴로움, 억울함, 분함 등을 많이도 겪는다. 인생을 잘못 살면 죄는 더욱 많이 짓고 업장은 더욱 두터워져 지옥, 아귀, 축생의 삼악도를 제 집 드나들듯 할 것이다. 부처님은 신·구·의 3업을 짓지 말고 지은 죄를 빨래하듯이 참회하며 살라고 설하셨다.

지자 대사의 삼생 이야기

중국 양무제 때 선지식으로 이름을 날리고 법력이 높았던 천태지자 대사가 어느 날 지관삼매止觀三昧에 들어 계셨다.

마침 산돼지 한 마리가 몸에 화살이 꽂힌 채 피를 흘리며 지나 간 후 곧이어 사냥꾼이 뒤를 쫓아와, "산돼지 한 마리가 이곳으로 지나가는 것을 보지 못했습니까?" 하고 묻는 것이었다.

이때 대사가 그를 보고,

"엽사여! 그 활을 던져 버리시오." 하며, 다음과 같이 법문을 하셨다.

오비이락파사두 烏飛梨落破蛇頭
사변저위석전취 蛇變猪爲石轉雉
치작엽인욕사저 雉作獵人欲射猪
도순위설해원결 導順爲說解怨結

"삼생三生 전에 까마귀가 배나무에서 배를 쪼아 먹고 무심코 날아가자 때마침 부는 바람에 나무가 흔들렸고 배가 떨어져, 그 아래서 빛을 쬐던 뱀의 머리를 때려 죽이고 말았다. 이렇게 죽게 된 뱀은 돼지 몸으로 다시 태어나게 되었고, 뱀을 죽게 한 까마귀는 생을 마치고 꿩으로 태어나게 되었는데 숲속에서 알을 품고 있었다. 이때 돼지가 칡뿌리를 캐먹다가 돌이 굴러내려서 새끼를 품고 있던 꿩이 치어서 죽고 말았다. 이렇게 죽음을 당한 꿩이 다시 사람으로 태어나 사냥꾼이 되어 그 돼지를 활로 쏘아 죽이려는 순간, 내가 이들의 지난 삼생사를 내다 보고, 더 큰 원결과 악연으로 번져가지 못하도록 사냥꾼에게 이같은 해원解怨의 법문을 설해주게 된 것이다."

지자 대사로부터 삼생사에 얽힌 이러한 법문을 듣게 된 사냥꾼은 크게 뉘우치며 그 자리에서 활을 꺾어 던져버리면서 "다시는 살생을 하지 않겠다."고 다짐했다.

이와 같이, 살생의 과보는 한 치의 어긋남이 없이 지은만큼 받게 된다. 이러한 살생의 과보를 잘 받아넘기기 위해서는 참회를 하고 지장기도 등을 하며 방생을 실천해야 한다. 방생에는 죽어가는 짐승을 살려주는 방생도 있지만 굶주리는 백성을 구제하는 '인간방생'도 있다. 인간방생과 관련해서는 영명연수永明延壽 선사의 실화가 유명하다.

인간 방생 공덕으로 사형을 면한 연수 선사

영명연수 선사는 중국 북송北宋 때의 고승으로 28세에 승려가 되고 천태덕소天台德韶 국사에게 선지禪旨를 깨닫고 법안종法眼宗의 제 3조가 된 큰스님이다. 항상 108참회를 일과로 정했으며 하루에 아미타불을 10만 번씩 외웠다고 전한다. 영명연수 선사는 출가 전에 높은 벼슬을 했던 사람이다. 자사를 지냈는데 요즘으로 치면 도지사쯤 되는 벼슬이었다.

그런데 어느 해, 흉년이 들어 백성들이 도탄에 빠졌다. 굶는 백성을 살리기 위해서는 국고國庫를 헐어 기민을 구휼해야 할텐데 자사라도 중앙의 허락 없이는 국고를 헐 수가 없었다. 절차를 밟아 허락을 받아야 하는 것인데 당장 굶주린 백성들은 그 절차를 기다릴 수가 없는 것이 아닌가. 먼저 국고를 헐어 굶는 백성을 먹이고 난 뒤 중앙에 그 절박한 상황을 보고할 수 밖에 없었다.

그러니 그 상황을 이해해야 한다는 의견도 있었지만 어쨌거나 자사는 법을 어긴 것이 사실이므로 참형의 판결을 받았다. 그래서 사형을 집행하는데 형리가 보니 그 자사가 죽음의 문턱에서 너무나 태연자약하고 얼굴빛이 좋으니 형리가 "이런 대인을 죽이는 것은 하늘의 뜻을 어기는 죄다." 라고 다시 상소해 자사를 석방시켰고 자사는 그 길로 절에 들어가 불법에 귀의했던 것이다.

속세의 그 험난한 흉년에 목숨을 걸고 기민을 구휼하려던 그 그릇이 바로 큰스님의 그릇이었음을 알 수 있는 일화가 아닐 수 없다.

지장대성위신력 地藏大聖威神力
항하사겁설난진 恒河沙劫說難盡
견문첨례일념간 見聞瞻禮一念間
이익인천무량사 利益人天無量事

지장보살 큰 성인의 위신력은
갠지스강 모래 같은 오랜 겁 동안
두고두고 연설해도 다 할 수 없네.
잠깐 사이 지장보살 거룩한 모습
우러러 쳐다보고 예배하여도
인간 천상 이익된 일 한량없으리.

우리가 아무리 오랜 세월동안 지장보살님의 위신력을 찬탄한들 한량이 없음에도 기도정진을 쉬지 않는 이유는 마치 핸드폰 충전기에 전기를 충전하는 것과 같다. 복을 까먹으면 죄악만 침범하기에 선업으로 공덕을 충전하는 것이다. 전생에 복을 많이 닦은 사람은 기도를 안 해도 편하게 살지만, 마르지 않는 샘처럼 넉넉한 복에 의지해 복을 충전하는 것이 좋다.

>지장보살 그 이름을 항상 부르되
>마음으로 생각하여 잊지 않으면
>모든 고통 스스로 소멸되오며
>한량없는 즐거움을 모두 받으리라.

주먹만한 돌도 물 위에 던지면 그냥 가라앉지만, 무거운 돌도 배에 실으면 가라앉지 않는다. 불·보살님과 같은 대성인에 의지해 기도하는 것은 기차나 비행기, 배를 타고 고통의 바다를 건너 해탈의 세계로 건너가는 것과 같다.

일본과 한국에서 있었던 세 가지 실화를 통해 지장기도의 영험을 느껴보기 바란다.

원령악귀를 해탈시킨 지장기도

일본 됴쿄의 다까다(高田)라는 곳에 지장사(地藏寺)라는 절이 있다. 그 절에는 산 지장보살님이 계신다고 하여 불자 수천 명이 매일 같이 열을 지어 오고 간다. 이유는 산 지장보살의 영험이 두드러지게 나타나 무슨 소원이든지 이뤄주기 때문이다.

그 산 지장보살님이란 어떤 분인가 하면 그 절에 비장되어 있는 손바닥만한 널빤지에 부각한 지장보살상이었는데 그 목각상이 신비한 영험을 간직하고 있다는 것이다. 지금으로부터 250년 전에 그 곳에는 스스끼(鈴木)라는 젊은 사나이가 있었다. 그는 요시꼬(吉子)라는 젊은 여자와 결혼하여 금슬좋게 달콤한 사랑을 속삭이며 살고 있었다.

그런데 결혼한 지 3년이 되자 요시꼬가 우연히 병이 들어 회복될 희망이 보이지를 않았다. 남편은 용하다는 의사를 빼지 않고 청하여 보이고 좋다는 약은 다 먹여 보았으나 차도가 없었다. 그 밖에 신들렸다는 점쟁이를 청하여 빌기도 하여 보았으나 매양 그 모양일 뿐 자꾸 여위어 가기만 하였다. 앓아 누워 있는 아내보다도 간병하는 남편이 더 죽을 지경이었다. 몸은 야위고 노랗게 꽃이 핀 얼굴에 검버섯이 솟은 아내는 좀처럼 살아날 것 같지가 않았다. 남편은 그야말로 애간장이 마르도록 간병에 지쳐 그마저 병이 들어 쓰러질 지경이었다.

어느 날, 아내는 남편을 보고,

"여보, 나는 이제 죽을 몸이니 아예 단념하고 당신 몸이나 회복하도록 하세요."

하며 눈물을 흘리는 것이었다.

남편이 아내에게,

"정 떨어지게 그게 무슨 말이오. 장래가 만 리 같은 청춘인데 왜 그런 말을 하오. 안심하고 내가 하라는 대로 해요."

하고 남편은 아내의 눈물을 닦아 주면서 위로하였다.

그래도 아내는, "아니오. 내야 곧 죽을 걸 뭐……." 하는 것이었다.

남편은, "그런 바보 같은 소리 말아요." 하고 아내를 나무랐다.

"그러나 나는 잘 알아요. 죽을 것을……."

하고 아내는 매우 슬퍼하였다.

남편으로서는 절망상태인 아내의 병을 모르는 것도 아니므로 속으로는, '하기야 며칠 가지 못할 것' 이라고 생각하면서도 사랑스러운 아내를 위안하기 위하여 나지막한 목소리로,

"당신이 스스로 죽는다는 걸 어떻게 안단 말이오."

하니, 아내가 말했다.

"다른 게 아니예요. 조상 때부터 우리 집에는 원통하게 죽은 원령악귀(冤靈惡鬼)가 있어서 사람을 잡아가기 때문에, 조부모 때부터 삼십을 넘긴 사람이 없어요. 아버지도 어머니도 그리고 오빠와 언니도 그랬어요. 그런데 나도 올해 서른이 되니까 내 차례가 된 셈이예요. 그러니까 내가 죽은 뒤에 절에 가서 49재를 잘 지내 나의 영혼을 좋은 곳으로 가게 천도나 해주세요."

남편은 그런 체념적인 아내에게 말했다.

"그러나 사람의 목숨은 그 길고 짧은 것이 염라대왕에게 매였다는 것이니까, 염라대왕이 정한 명대로 데려간다는 것은 모르되 원령악귀가 잡아간다는 것은 믿을 수 없는 일이오. 당신이 비명으로 죽은 뒤에 당신의 영혼을 천도하는 것보다, 그 원령악귀라는 것을 먼저 천도해 극락세계로 보내는 것이 당신을 행복하게 오래 살 수 있게 하는 것이 되겠소."

"그렇지만 어떻게 할 수가 있나요. 아주 무서운 악질의 귀신이라는데……."

하고 여전히 나약한 말을 하는 것이었다.

"걱정 말아요. 안될 것도 없는 거야. 사람의 정성이 지극하면 부처님도 감동하시는 터이니까!"

하고 남편은 한 줄기의 희망을 가지고 몸을 떨치고 일어났다. 그는 아내를 구제할 자신을 가지고 평소 다니던 절을 찾아갔다.

주지스님을 보고 자초지종을 다 말한 뒤에 천도재를 올리고 돌아왔다. 그래도 미심쩍어 집에 돌아온 뒤에도 3·7일을 작정하고 불단을 향하여 『지장경』을 독송하고 지장보살을 부르며 기도를 하였다.

그런데 3·7일이 차는 날 밤 곤하게 잠이 들었는데 어떤 스님이 꿈속에 나타나더니,

"너는 무슨 소원으로 나를 찾느냐?"

하고 묻는 것이었다. 꿈속에서 그는,

"아내의 병을 고치는 데는 우선 원령악귀를 천도함이 좋을까 해서 기도를 하였사오니 아무쪼록 원령을 천도하시고 저의 아내를 살려 주시옵소서."

하고 소원하였다. 꿈속의 스님은,

"그런가, 그렇다면 내가 이제 내 모습을 새긴 부적판 하나를 줄 것이니, 종이를 여러 백장 사서 네모나게 조각조각 잘라 이 판에 부

적을 여러 만장 찍어 스미다가와(隅田川) 바닷물에 뿌리고 스님을 청하여 수륙재(水陸齋)를 지내라. 그리하면 원령악귀가 천도되고 너의 처가 회생하리라."

하는 것이었다. 꿈을 깨고 나자 꿈속에서의 부적판이 생시같이 방바닥에 놓여있었다.

이것을 본 스스끼는 꿈에서 만난 스님의 말대로 그 판에다 부적을 여러 장 찍어 박았다. 그리고 배 한 척을 사서 단을 차려 불상의 화본을 모시고 공양구를 차리고 스님네들을 청하여 모시고 염불을 하였다. 또 뱃사공을 시켜 노를 젓고 바다를 아래 위로 오르내리며 부적을 물에 던져 뿌렸다. 재를 마친 뒤에 집에 돌아와 밤이 깊어서야 잠이 들었는데 홀연히 꿈을 꾸게 되었다. 꿈에 스미다가와(隅田川)를 바라다본 즉 구척 장신의 노스님이 광명을 놓으며, 공중에 서서 무수한 새끼오랏줄을 손에 들고 공중에서 오락가락하는 것이었다.

이 때 무수한 귀신 떼들이 그 줄을 붙잡고 공중으로 따라 올라가는데, 그 가운데는 목 잘린 귀신, 다리와 팔이 떨어진 귀신, 배가 터진 귀신, 몸이 절구통 같은 귀신, 아기를 안은 귀신, 머리를 풀어헤친 귀신, 남자 귀신, 여자 귀신 등의 무량무수한 귀신이 섞여 보였다.

스스끼는 그러한 꿈 이야기를 아내에게 하였더니, 아내도 같은 꿈을 꾸었다고 하며 기분이 명랑해 보였다. 그 뒤로 생기가 돌고 미음도 먹고 차차 회복되어 일주일도 지나지 않아서 아주 새 사람이 되었다. 그 뒤에 요시꼬는 90세까지 장수를 하고 십여 남매를 두어 모두 잘 길렀는데 후에 각각 출세하여 부귀영화를 누리게 되었다.

그들은 보은의 뜻으로 그 집 자리에 지장사를 짓고 일심으로 염불을 하다가 여생을 마쳤다. 한편 지장보살 부적판은 지금도 그 절에 봉안되어 있다고 한다.

다음은 우리 나라 삼각산 승가사의 영험실화를 소개한다.

일족을 파멸시킨 원혼의 한

서울 한복판 세종로 네거리에서 서북쪽으로 10km를 걸어 올라가면, 삼각산 중턱에 승가사라는 절이 있다.

어느 해, 젊은 나이에 부모의 사랑에 굶주리고 또 사랑에 굶주린 처녀 행자가 있었다. 머리는 깎지 않았어도 먹물 옷을 입고 스님의 후보자로서 특별히 주지스님의 자비 속에 갓 20 고개를 넘으려는 김점례라는 어여쁜 아가씨였다.

그러나 그에겐 너무나도 가혹한 사바세계의 시련이 다가오고 있었다. 장안의 큰 부호인 회장님의 어머니가 7대 독자의 규수감을 구하고자 부처님께 발원하러 오는 길에 바로 그 어머님의 눈에 뜨인 것이다.

비록 화장은 안했지만 보기 드문 미인인지라 첫눈에 반한 그 어머니가 주지스님께 호소했다.

"스님, 절에 있는 처녀가 우리 집안에 대를 이을 수 있도록 해주시옵소서."

"그 아이는 매우 외로운 처녀입니다."

"그렇다면 더욱 좋습니다. 우리 아이는 두 번 장가를 들었지만 자식을 낳지 못하여 모두 실패하였습니다."

이 이야기를 밖에서 듣고 있던 점례는 매우 흥분했다.

'내가 시집을 간다. 부잣집의 규수가 되어 자식을 낳으면 얼마나 행복할까?' 젖먹는 아이가 어머니를 만난 것 같은 기분이고, 목마른 사람이 물을 얻은 것만 같은 기분이었다.

그날 밤 예불 도중에 꿈을 꾸었는데, 부처님의 상호가 이상스럽게 도깨비로 변하고, 나한님들과 부처님의 탱화가 마귀처럼 보였다. 점례는 비지땀을 흘리며 깨고 보니 한가닥 꿈이었다.

다음날 이미 점례의 마음을 훤히 들여다보신 주지스님이 물었다.

"점례야, 너의 생각은 어떠하냐?"

대답은 하지 아니했으나, 점례의 안면은 홍조를 띠었다.

혼인은 쉽게 이루어졌다. 그러나 신랑이 마음속에서 우러나서 한 결혼이 아니요, 어머니의 요구를 이기지 못하여 하게 된 세 번째 결혼이었다. 결혼 후 점례는 성심껏 남편과 시부모를 모셨다. 결혼 후 얼마 되지 않아 태기가 있는 것 같아 진찰했더니 이상한 결과가 나왔다.

"임신 3개월이 틀림없으나 모체의 자궁에 혹이 자라나고 있습니다."

"그러면 어떻게 해야 됩니까?"

"아이를 포기하지 않으면 산모가 죽습니다."

"수술을 하면 다음에 또 아이를 가질 수 있습니까?"

"안됩니다."

이 말을 들은 시어머니는 아들과 의사와 짜고 "살려 달라."고 애원하는 점례의 소망을 뿌리치고 수술을 거부했다.

점례는 누구에게 호소할 수 없는 처지여서 매일 북한산을 향하여 애원하며 몸부림쳤다.

그러나 세월은 흘러 어느덧 태아의 분만기가 다가왔다. 병원에서는 아이와 산모를 함께 살려보려고 온갖 노력을 다 했으나 불가능한 일이었다.

점례는 이미 생을 포기한 듯 수술에 임하기 전에 남편을 불러 애절하게 호소하였다.

"여보, 나는 수술하면 그대로 죽습니다. 아이는 잘 기르셔서 가문의 뒤를 잇도록 하시고, 나는 승가사 뒷산 양지 바른 곳에 묻어주세요. 부탁합니다. 꼭 부탁합니다."

과연 수술결과는 아이는 살릴 수 있었지만 점례는 살리지 못했다. 남편과 시부모는 점례의 죽음보다는 손자의 탄생에 가슴이 벅차 점례의 시신을 회사 간부 두 사람에게 맡기고 장지까지도 가지 않았다. 외로운 시신은 회사의 업무차에 실려 북한산에 오르다가, 마침 쏟아지는 소낙비 때문에 중간에서 쉬게 되었다.

그런데 간부 한 사람이 말했다.

"북한산은 저기 저 산 아니야, 거기까지 30리가 넘는데 어떻게 하지?"

함께 간 일꾼이 걱정스레 말했다.

"자, 좋은 수가 있어. 사장님께서 호텔 지으려고 사 놓으신 산이 있지. 얼마 안 있으면 공사가 시작되겠지만 거기까지 차가 들어가니 거기다 묻읍시다."

일꾼들은 그 곳까지 싣고 가서 묻고 말았다.

그 후 15년이 지나 아이는 자라 성인이 되고, 또 회사 일도 잘 되어 호텔을 짓게 되었다. 그런데 하루는 남편이 자고 있는데 이상한 소리가 들려왔다.

"아이 추워, 아이 추워, 아이 추워 죽겠어요."

분명 점례의 목소리였다. 너무나도 오랜 세월 까마득히 잊어버리고 있던 사실이라 꿈이거니 생각하고 그냥 지나쳤다. 이튿날도 또 그 이튿날도 계속해서 똑같은 소리가 들려왔다. 의심이 난 남편은 그때 간부를 불러 물었다.

당황한 간부는 "틀림없이 승가사 뒷산에 묻었습니다." 하고 거짓말을 해놓고, 그 무덤을 찾아가 보았다. 그러나 때는 이미 늦었다. 호텔부지는 다이너마이트에 의하여 만신창이가 되어 있었고, 불도저로 그 흙을 실어내어 터를 고르고 있었던 것이다. 그 간부는 공사 현장을 이리 저리 헤매며 남은 뼈라도 찾아보려고 하다가, 다이너마이트 파편을 맞아 죽고 말았다.

늦게서야 이 사실을 알게 된 남편은 그때 같이 갔던 간부를 찾아 화가 나서 칼을 들고 치려 하자, 주춤주춤 뒤로 물러서던 동행 간부가 낭떠러지로 떨어져 그대로 죽고 말았다. 남편도 그대로 미쳐버리고 집안은 일시에 불구덩이가 되었다.

현장에서는 흙을 실어 나르던 덤프차가 점례의 시체조각을 싣고서도 실린 줄도 모르고 가다가 강 속으로 들어가고 운전수는 그대로 물귀신이 되고 말았다. 이렇게 연일 계속해서 사고가 나고 사람이 피해를 입으니 회사는 마침내 폐허가 되고 시아버지까지 아파서 눕게 되었다. 당황한 시어머니는 무당을 불러다가 굿을 했다. 굿을 보고 있던 남편은 갑자기 발작을 일으켜 무당을 내려치니 모두 도망치고 말았다. 남편은 정신이 아주 없어져 부모 자식도 구분하기 어렵게 되었다.

한편 전일 점례를 수술했던 병원에서도 기괴한 사건이 일어났다. 병원장과 간호원이 함께 죽는 비극이 일어난 것이다.

그동안 세월이 흘러 수술을 통해 태어난 그 아들이 결혼식을 올리고 신혼여행을 가기에 이르렀다.

여행이 끝나고 집에 돌아와 아버님께 인사드렸으나 아버지는 영영 자식을 알아보지 못하고 그 며느리를 오히려 옛 점례로 착각하여 발작을 일으키려 하였다.

그때 승가사 주지스님께서 내려왔다. 방에 누워 있던 시아버지는 스님을 뵙자 눈물을 흘리며 하소연 하였다.

"스님, 어떻게든 우리를 살려주십시오. 참으로 잘못했습니다. 세상에 이럴 수가 있습니까?"

"깊은 뉘우침은 아무리 무서운 원한도 다 녹여낼 수 있습니다. 염불을 하십시오."

시아버지는 주지스님이 시키는 대로 점례를 위해 불단을 차리고 염불을 하기 시작하였다. 그 이후 집안은 다시 활기를 되찾게 되었다. 우선 시아버지가 건강이 회복되었고 옛 점례의 남편의 정신이 되살아났다.

그러나 점례의 혼령은 새 며느리에게 붙어 칼을 들고 시할머니를 저주하였다.

주지스님을 불러 달래게 하자 스님께서는

"점례야, 원한을 원한으로 갚으면 원한속에 죽게 된다."

그리고 스님이 염주로 그의 안면을 치자 칼을 던져버린 점례의 혼령이 붙은 새 며느리는 도망치다가 다시 돌아왔다. 스님은 큰 염주를 벗어서 그의 목에 걸어주자 발광하던 새 며느리가 그대로 땅에 쓰러졌다.

승가사 주지스님께서 정성껏 위패를 만들어 연화대에 모시고 참회의 눈물을 흘리며

"점례 영가야, 이제 그만 분하고 섭섭한 감정을 멈추고 그 옛날 착하고 어진 마음으로 돌아오너라. 독한 마음, 분한 마음은 너도 괴롭고 남도 괴로울 뿐이다. 너는 그래도 그 옛날 나와 함께 종소리, 목탁소리 들으며 승가사 부처님께 착한 사람 되게 해 달라고 빌던 네가 아니더냐. 모든 것은 다 나의 잘못이다. 나를 봐서라도 용서해다오. 우리 같이 승가사에 올라가서 법문 듣고 염불공덕으로 몸과 마음 편안한 극락으로 가도록 하자. 이제 그만 극락으로 가도록 하자."

하고 밤이 깊도록 염불하였다. 스님의 간절한 천도불공으로 점례의 혼령은 부처님의 가피력으로 극락세계에 환생하고 손자, 며느리도 다시 정상으로 돌아왔으며 그 뒤로 그 집안은 점점 평안을 되찾았다.

한 자손을 위해서 뭇 생명을 헌신짝 같이 여긴 어리석은 생각, 돈

이면 인류도 도덕도 다 살 수 있다는 배금주의 속에 진실한 애정을 망각한 현대인의 탐진치가 여기에 고스란히 나타나 있다.

이왕 기도와 관련한 영험설화를 소개하였으니, 범어사에서 있었던 실화를 하나 더 소개한다. 나는 스무살 때 합천 해인사에서 주지를 지낸 지월 큰스님을 몇 년 모시고 살면서 말없는 가르침을 많이 배웠다. 자비·인욕보살이셨던 지월 큰스님이 어린 나에게 아들처럼 자상하게 해 준 이야기가 생각난다.

구렁이 스승을 해탈시킨 영원 스님

조선시대에 경상도 동래군 금정산 범어사에 명학(明學)이란 스님이 있었다.

그는 사판승(事判僧)으로 절 방앗간 소임을 맡아보고 또 사중의 전답 관리의 책임을 도맡아서 수천 석이 넘는 사중재산을 관리하였다. 그의 근면으로 사중재산도 많이 늘었지만, 자기도 보수 받는 것을 근검 저축하고, 늘 방앗간에서 벼를 찧고, 땅에 떨어져서 사람의 발밑에 밟힌 쌀을 주워 모은 것도 적지 않았다. 이렇게 모은 쌀을 장리쌀로 놓아서 당대 천석을 추수하는 부자 중이 되었던 것이다.

그래서 돈을 주고 아무 내용 없는 이름뿐인 동지同知라는 벼슬을 사서 행세하였으므로, 남들이 명학동지明學同知라고 불렀다.

그 스님은 학문과 지식은 없었으나 마음이 너그럽고 인자하며 또 보사保寺를 잘 하였기 때문에 공심이 장하다고 원근에서 칭송이 자자하였다. 그에게 상좌가 많아서 백여 명의 권속을 거느리게 되었으므로, 절 안에서는 큰 세력을 잡고 주관노릇을 하게 되었다. 그에게는 이 많은 권속 가운데 영원靈元이란 상좌가 있었는데, 그는 참선 공부만 하는 수좌首座로서 재산 욕심을 초월한 사람이라 운수납자雲水衲子로 명산대찰을 찾아서 선방에 들어가 참선공부를 많이 하여 한 소식을 얻을 만하게 되었다.

그래서 명학동지도 그를 기특하게 생각하고 항상 말끝마다, "나는 상좌가 백여 명이 되어도 쓸만한 상좌는 우리 영원이 하나밖에 없을 거야……." 하고 칭찬하였다.

어쩌다가 영원이 찾아오면, "내가 나이가 많아 언제 죽을지 모르니 내가 죽거든 자네가 천도나 잘 하여주게……." 하고 부탁하기도 하였다.

한번은 영원 수좌를 따라 금강산으로 같이 떠나다가 두지재에서 쌀창고에 불이 난 것을 본 명학동지가

"저기를 보아라. 쌀 창고에 불이 났다."

하니 영원 수좌가

"그것은 스님의 마음불입니다. 어서 갑시다."

라고 하였지만 명학동지는 되돌아 가고 말았다.

운수납자로 다니던 영원 수좌는 금강산으로 가서 장안사 뒤 토굴에서 참선공부를 하고 있었다.

선정에 들어보니, 시왕봉十王峯이 늘어선 남혈봉南穴峯 밑에서 죄인을 다스리는 소리가 천지를 진동하듯 울려나왔다.

살펴보니 염라대왕이 좌정하고 판관 녹사가 늘어서 있는데,

"이번에는 범어사 명학동지를 잡아 오너라."

한 즉 지옥사자가

"네이……."

하고 대답하더니, 이번에는

"범어사의 명학동지를 잡아들였소."

하고 명학동지를 끌어내어 뜰 앞에 꿇어 앉혔다.

염라대왕이 문초하기를

"네가 범어사에서 살던 명학동지냐?"

"네, 그렇습니다. 제가 명학동지입니다."

"너는 일찍이 머리를 깎고 중이 되었으면 계행을 잘 지키고 참선공부나 염불 공부를 하여 도를 닦아야 할 것이어늘, 어찌하여 상구보리上求菩提와 하화중생下化衆生을 망각하고 재산만 탐하다가 죄를 짓고 이런 곳으로 들어 왔느냐?"

"저는 공부는 비록 못하였으나 죄를 지은 일은 없습니다."

"네가 중이 되어서 재물을 모아 천석꾼 부자가 되었는데 죄가 없다고 하느냐?"

"그것은 제가 재물을 모으는데 재미를 붙여서 쓸 것을 아니 쓰고 먹을 것을 먹지 않고 모은 것이지, 남을 못살게 하거나 망하게 하여 부자가 된 것이 아니옵기로 저는 죄가 없다고 생각합니다."

"이놈 잔소리 마라. 너는 부처님이 설하신 5계와 10계를 범한 죄인이니라. 살생을 하지 말라는 것이 첫째 불살생不殺生계인데, 너는 쌀 곡간에 쥐가 많이 들끓는다고 하여 고양이를 수십 마리씩 키워서 쥐를 잡아먹게 하고, 도둑질을 말라는 것이 둘째의 불투도不偸盜계인데, 너는 쌀을 모두 주워 네 자루에 담아 네 것으로 삼았다. 여자를 관계하지 말라는 것이 셋째의 불사음不邪淫계인데, 너는 예쁜 여자를 보면 탐을 내고 술집 주모에게 쌀을 주고 간음을 하였다. 거짓말을 하지 말라는 것이 넷째의 불망어不妄語계인데, 너는 건물

중수 때 시주 받은 많은 금액을 권선책에 적어놓고, 부득이 내기
는 내되, 내기가 싫어서 질질 끌며 쓸 때에 쓰지 못하게 때를 어기
었으니 이는 불망어不妄語계를 어겼다. 술을 마시지 말라는 것이 다
섯째의 불음주不飮酒계이거늘, 너는 술을 곡차라고 마시었으니, 너
는 이와 같은 가장 중대한 5계를 범한 죄인이 아니냐!"

염라대왕이 계속해서 말했다.

"그리고 중의 신분으로 높고 넓은 평상에 앉지 말며 눕지도 말
라는 것인데, 너는 그것을 어기었으니 여섯째 계를 범하였고, 많은
금액을 가지고 있으면서도 누가 돈을 빌려달라고 하면 돈 없다고
하였으니 망어계를 범하였느니라. 중은 비단옷을 입지 말고 몸을
꾸미지 말라는 것인데 너는 그것을 범했으니 일곱째 계를 파했다.
또 중은 노래하지 말고 춤추지 말라고 했는데, 너는 생일과 환갑,
진갑을 차리던 날 속인과 더불어 노래를 부르고 춤을 추었으니 여
덟째 계를 범했고, 또 중은 금은전보金銀錢寶 등의 재산을 모으지 말
라고 했는데 소를 소작인에게 의뢰하여 기르고 또 팔아서 돈벌이를
행하였으니 아홉째 계를 파했고, 중은 때 아닌 때에 먹지 말고 오
후불식午後不食을 하기를 권했는데 이를 어겨 열째 계를 파하였나니,
너는 이렇게 5계와 10계를 모조리 범하고 파하였는데 어찌 죄가 없

다고 하겠느냐!"

"저는 재산을 모은 것은 보사중保寺中하고 행자선行慈善을 하려는 것이었고 그 다음에 자질구레한 죄는 짓기도 하고, 아니 범한 것도 같아서 잘 모르겠습니다."

"이놈, 그래도 자백을 아니하고 버티는 것이냐!"

"버티고 불복하려는 것이 아니오라 사실상 그렇습니다."

"여봐라, 업경대業鏡臺를 가져오너라. 업경대의 심판을 보여 주자!"

하고 염라대왕이 업경대에 비추니 소소역력하게 하나도 빠짐없이 스크린에 나타나듯이 명학동지의 행장이 그림같이 나타났다.

이것을 본 명학동지는 머리를 숙였다.

"네가 지금 똑똑하게 다 보았겠지. 이래도 딴 말을 하겠느냐!"

"할 말이 없습니다."

"그러나 나는 네가 중이었던 것을 감안해서 무서운 지옥은 보내지 아니하고 황사망의 구렁이 털을 씌워서 금사굴로 보내는 것이니, 들어가서 한 천년 엎드려서 반성하여 보아라."

고 하였다.

이때에 명학동지는

"우리 상좌 영원의 말만 들었어도 이렇게는 되지 아니 하였을 것인데 내가 듣지 않았기 때문에 금사망을 쓰게 되었구나. 영원아, 영원아, 네가 나를 천도하여다오."

이러한 소리가 영원 스님의 귓전에 쟁쟁하게 들려왔다.

이때 영원 스님은 곧 시왕봉十王峯 아래 금사굴金蛇窟 앞에 가서 염불과 독경을 하여주고 장안사 영원암을 떠나 범어사에 갔다. 명학 동지의 49재 날이 되어서 상좌도 백 여명이 모이고 본사 스님과 인근 각사의 스님네들이 모인 외에도, 전답작인까지 수백 명이 모여서 법석거리고 있었다.

다른 상좌들은 영원 스님을 보고, "초상 때는 오지 않더니 49일이 지나면 재산 분배 문제가 생길 터이니, 논마지기나 타 볼까하고 왔군……." 하고 빈정거렸다.

영원 스님은 그런 소리는 듣는둥 마는둥 하고 쌀을 구하여 멀겋게 죽을 쑤어 큰 그릇에 담아 창고로 가서 문을 열고 볏섬과 쌀섬과 돈 항아리 사이에 놓고, "스님, 스님. 나오셔서 죽을 잡수시옵서." 하였더니 큰 기둥 같은 누런 구렁이가 나왔다.

나의 이 공양을 받으소서.

어찌 아난의 공양과 다르리까.

주린 창자를 채우소서.

업화가 금방 서늘하리라.

탐·진·치의 삼독을 버리고

항상 불·법·승에게 귀의 하소서.

생각 생각에 보리심만 가지면

가는 곳 마다 안락하리라.

이렇게 외우고 축원하니 구렁이가 죽을 먹었다.

구렁이가 먹기를 다한 뒤에 영원 스님은

"스님, 스님. 생전에 재물을 탐하여 삼보를 외면하고 계행을 지키지 않고 인과^{因果}를 불신하시더니 이 모양이 되었구려. 이 법식을 드시고 축원을 들었거든 곧 속히 해탈하여 벗으시옵소서!"

하였더니, 구렁이가 광문 밖으로 기어 나와 스스로 머리를 층대돌에 짓찧어서 죽었다.

그런데 구렁이 밑에서 파랑새가 나오더니, 그대로 날아가는 것이었다. 영원 스님이 놓치지 않고 뒤쫓아가니 어떤 촌가의 전씨^{全氏} 집 안방으로 들어갔다.

이튿날 영원 스님이 그 전씨 집에 가서 말하기를 "당신네가 열 달만 지나면 옥동자를 낳을 것인데 아이가 7세만 되거든 나에게 주어 산에 들어가서 도를 닦게 하시오. 그러면 7년 후에 다시 오리다." 하고 다시 금강산 영원암으로 갔다.

그리고 7년 후, 영원 스님은 어린애를 데리고 영원암으로 갔다. 여기서 참선법을 가르쳤는데, 한 방편을 써서 문창호지에 바늘 구멍을 하나 뚫어 놓고 어린이에게 말하되, "이 문창호지의 바늘구멍으로 큰 황소가 들어올 터이니, 그 황소가 들어올 때까지 바늘구멍만 내다보고 일심으로 황소를 생각하여라." 하였다.

그랬더니 어느 날 어린아이가 깜짝 놀라며, "황소가 바늘구멍으로 막 들어옵니다." 하고 부르짖는 것이었다. 그 아이는 도를 통해서 숙명통宿命通을 얻었던 것이다.

그래서 영원 스님을 보고 말하되 "스님이 내 전생에 나의 상좌였구려! 그런데 이제는 스님이 나의 스승이 되고, 내가 스님의 어린 상좌가 되었군요."

"그렇다. 이것이 불교에서 서로 바뀌는 인과라는 것이다. 다행한 일이다."

하고 영원 스님은 7세 동자를 꽉 끌어안고 뺨을 대고 문질렀다.

그리고 스승과 상좌가 전생 일을 얘기하며 웃었다. 그리고 이 두 스님은 같은 도인으로서 오래도록 금강산에 머물면서 수도정진 하였다.

　천도재를 통해 온 곳, 갈 곳을 알면 좋겠거니와 모르면 부처님과 보살님의 가피력을 입어 죄를 소멸하고 없는 복을 쌓아야 한다. 조상님이 얼마나 귀한지는 부모님을 잃어본 사람만이 안다. 조상과 부모님께 효도하는 마음이 바로 불심임을 알고 살아 생전에 효도하고, 돌아가시면 부지런히 아미타불 기도를 통해 극락왕생을 발원하시기 바란다.

좋은 생각을 발하여 좋은 일을 행하면 누가 행복해지는가?
물론 남도 행복해지지만 가장 행복해지는 이는 바로 '나'이다.
그러므로 마음밭에 좋은 씨를 심어야 하는 것이다.

나와 남을 살리는 방생

방생공덕수승행放生功德殊勝行이니
무변승복개회향無邊勝福皆廻向이니라

생명을 살리는 공덕은 뛰어난 행이니
가없는 복덕은 모두 일체 중생을 위해 회향된다.

정월 보름이면 방생법회를 봉행하는 사찰이 많다. 방생放生은 '죽어 가는 물고기나 짐승들을 놓아주어 살려주는 일'이다. 생명존중을 무엇보다 강조하는 불교의 방생은 죽음에 이른 생명을 살려주는 행위뿐만 아니라 생명체를 괴롭히지 않으며 생명체들이 잘 살아갈 수 있도록 도와주는 적극적인 행위까지 포함하는 자비덕목이다. 즉 불살생不殺生 계율에 비해 적극적인 작선作善을 강조한 덕목이다. '산 목숨을 죽이지 말라.'는 것은 '산 것은 놓아주고 죽게 된 것은 구제하라.'는 의미까지 포함하고 있기 때문이다.

따라서 방생은 생명 존중의 적극적인 지계행持戒行으로 볼 수 있다. 방생은 잡혀 있는 물고기를 놓아주는 것만을 뜻하지 않는다. 병든 사람을 치료해 주고 고아를 돌보고 무의탁 노인을 보살피며 굶주린 이에게 음식을 보시하는 것이 곧 방생이다. 무분별한 개발로 황폐해진 자연을 되살리는 것도 방생이며 이러한 의미를 널리 알리는 것 또한 중요한 방생이라 하겠다.

왜 살생을 해서는 안되고 방생을 해야 하는 것일까? 세상에 생명 보다 소중한 것은 없기 때문이다. 죽으면 권력이든, 명예든, 돈이든 모든 것이 의미가 없기 때문이다. 그래서 사람들은 누구나 하루라도 더 살기 위해 장수와 건강을 기원하는 것이다. 하지만 현실은 원하는대로 되지 않는다. 10살도 못되어 죽는 아이도 있고 허리와 목, 관절이 아파서 평생 고생하는 사람들도 많다. 내가 아프지 않더라도 가족 중에 아픈 사람도 많다. 한 평생 여기 저기 병원을 다니며 몸에 칼을 대는 사람들도 있다. 건강하게 장수하는 것은 그래서 예로부터 큰 복이라 한 것이다.

경전에는 살생을 많이 하면 단명하고 몸이 약하고 병이 많다고 하였다. 몸이 약하거나 병이 많은 사람들은 살생의 과보를 참회하고 살생을 금하는 동시에 방생을 많이 해야 한다. 신도님들 가운데 생선회를 먹는 분들이 많은데 가급적이면 생선회 먹는 일을 삼가는 것이 좋을 것이다. 내가 누군가에게 따귀를 맞아도 아프고 기분이 나쁜데 살아있는 고기를 칼로 베어 먹는다고 하는 것은 기가 막히는 일이다. 고기를 칼로 벨 때 물고기들은 고통으로 몸을 부르르 떤다. 물고기들도 가족이 있으며 큰 고기들이 오면 두려움에 '겁똥'을 싼다. 낚시꾼들이 물고기를 잡아올릴 때 기뻐하고 환호성을 지르지만 물고기들은 창자가 잘리는 고통을 받는다.

　물건을 훔치고 거짓말을 하는 것도 나쁘지만 낚시를 하는 것은 더욱 나쁜 악행인 것이다. 그래서 낚시꾼이 있는 집안이 화목한 경우가 많지 않다. 자식이 불구자로 태어나거나 원수가 자꾸 생기기도 한다. 낚시에 걸려 온 물고기들이 원수로 태어나 사사건건 발목을 잡는 것이다. 『화엄경』은 살생의 과보를 이렇게 밝히고 있다.

　보살은 성품이 저절로 일체 살생을 멀리 여의어서 살생도구를 두지 아니하고 원한을 품지 아니하며, 내지 중생을 해롭게 하지도 않으며 살해하지 않는다. 그런데 만약 중생이 살생하면 그 죄로 단명하거나, 병이 많은 과보를 받게 된다.

살생은 자비의 종자를 끊는 가장 무서운 악업이다. 물고기의 껍데기를 벗기고 토막을 내어 싱싱하게 먹을 때는 즐겁겠지만 그 즐거움은 잠시일 뿐, 훗날 그 빚을 갚을 때는 자기 몸이 죽어야 빚이 청산된다. 남의 생명을 존중하고 남의 재산을 탐내지 않고 양심에 따라 사는 것이 불자된 도리다. 알게 모르게 살생의 업을 지은 불자들은 방생의 공덕을 부지런히 쌓으시기 바란다.

다음은 살생의 무서운 과보를 받은 '미묘' 비구니의 인연담이다.

미묘 비구니의 살생죄와 윤회

나중에 비구니가 된 '미묘' 아가씨는 출가하기 전 장성하여 시집을 가서 아들을 낳았다. 그런데 얼마 안 되어 시부모가 세상을 떠나고 다시 임신을 하여 해산 달에 맞추어 친정에 가서 몸을 풀려고 남편과 함께 길을 떠났다. 친정으로 가려면 강을 건너야 하는데 비가 많이 와서 강을 건너지 못하고 숲속에서 하룻밤 자게 되었는데 갑자기 밤중에 해산을 하게 되었다.

힘들게 해산을 하고 지쳐서 잠이 들었는데 갑자기 남편의 비명 소리가 들려 깨어보니 남편이 독사에게 물려 몸이 퉁퉁 부어 의식을 잃고 있었다. 통곡하고 울면서 간호하였지만 남편은 곧 죽고 말았다.

모래사장에서 장사를 지내고 가까스로 몸을 추슬러 갓난아기는 가슴에 안고 큰 아이 손목을 잡고 길을 재촉하는데 강물을 건너야 하는 것이 문제였다.

아이 둘과 함께 건너기가 힘들 것으로 생각하고 큰 아이를 강변에 남겨두고 작은 아이를 안고 강을 건넌 후에 엄마가 다시 건너 갈 것이니 그대로 있으라며 손짓을 했다. 그랬더니 큰 아이는 엄마가 오라는 줄 알고 강물 속에 뛰어들어 생명을 잃었고 놀란 엄마가 큰 애를 구하러 허우적 거리는 사이 늑대가 나타나서 혼자 있던 갓난 아이를 잡아먹었다.

남편과 아이 둘을 졸지에 잃어버린 슬픈 여인에게 지나가는 친정 동네 사람들이 그녀를 보고 며칠 전 그 여인의 친정집에 불이 나서 식구들이 모두 불에 타 죽었다는 이야기를 전했다.

기막힌 자신의 신세를 한탄하며 하염없이 울고 있는데 날이 어두워졌고 마침 그곳을 지나는 산적들을 만나게 되었다. 여인을 본 산적 두목은 자신의 아내로 삼고자 그녀를 끌고 산을 갔다.

산으로 끌려간 여인을 천신만고 끝에 도망치다가 또 다른 포악한 남자를 만나게 되었다. 하지만 그 남자는 얼마 못살고 죽고 말았다. 그 나라에서는 남편이 죽으면 아내를 같이 순장하는 풍습이 있어 여인은 남편과 함께 매장되었다. 땅 속에서 거의 목숨이 끊어지려는 순간 다행히 피 냄새를 맡고 찾아온 여우와 개가 무덤을 파헤치는 바람에 목숨을 구한 이 기구한 운명의 주인공이 바로 '미묘' 비구니다.

전생에 이 여인은 어느 부자에게 시집 가서 살았는데 자식이 없어 둘째 부인에게서 아이를 낳게 되니 질투로 눈이 멀어 아이의 머리에 몰래 독침을 놓아 아이를 죽게 하였다.

이를 의심한 둘째 부인과 남편이 추궁하자 여인이

"그런 말 말아라. 내가 만일 자네 아들을 죽였다면 다음 세상에서 남편은 독사에게 물려 죽고 자식은 태어나면 물에 빠져 죽거나 늑대에게 물려 죽고 나는 살아서 생매장 되고 친형제는 불에 타서 죽게 될 거라네. 어떻게 내가 그런 짓을 할 수 있겠느냐?"고 하였다.

원인 없는 결과가 없듯이 자기가 지은 살생의 죄, 자기 입으로 단죄하여 불행한 생을 살았으니 말이 씨가 된 자업자득은 이를 두고 한 말일 것이다.

살생단여자비종殺生斷汝慈悲種이니
할타피육연친빈割他皮肉宴親賓하면
타일삼도환채처他日三途還債處에는
지장신명작인정只將身命作人情하리라.

살생을 하면 너의 자비 종자가 끊길 것이니
토막을 내고 껍질을 벗겨 연회를 베풀면
다음날 삼도三途에 빚을 갚는 곳에,
다만 목숨을 가지고 그 빚을 갚게 되리라.

　살생의 과보가 이처럼 무겁고, 그 과보는 누구도 피해갈 수 없음을 안다면 산 생명을 죽여서 먹는 일을 더 이상 해서는 안 될 것이다.
　이제 방생의 공덕에 대한 인연담을 하나 소개한다.

개미떼를 살려주고 수명이 늘어난 행자

옛날 어느 사찰의 신도가 아이를 낳았는데 몸이 너무 쇠약하여 관상을 잘 보는 이에게 보였더니 단명할 운명이라 하여 사찰의 큰스님을 찾아갔다.

스님도 그 아이를 보고 명(命)이 너무 짧으므로 출가를 시키면 짧은 명을 늘일 수 있지 않을까 하여 상좌로 삼아 데리고 있었다.

세월이 흘러 어느 날 상좌를 본 스님은 깜짝 놀랐다. 1주일 안에 상좌가 죽을 상이었기 때문이었다. 스님은 신도의 어린 아들이 절에서 죽으면 부모가 너무 섭섭해 할 것 같아 다만 며칠이라도 부모 곁에서 같이 지내게 해주는 것이 좋으리라 생각하여 상좌에게 말하였다.

"집에 가서 삼베옷도 한 벌 만들고 무명옷도 만들고 버선도 짓도록 한 열흘 다녀오너라."

그동안에 집에 가서 부모도 만나고 부모 앞에서 죽으라는 것이었다. 그런데 그 상좌는 열흘이 지난 뒤에 옷도 만들고 버선도 짓고 스님 잡수시라고 떡까지 해 가지고 아무 일 없이 돌아왔다. 돌아온 상좌의 얼굴을 보고 스님은 이상하게 생각하였다.

얼굴은 본래 단명(短命)할 상(相)에다 최근에 상이 아주 나빠져서 꼭 죽는 줄 알았는데 그 나쁜 기운은 완전히 사라졌을 뿐 아니라 앞으로 장수할 상으로 변해 있었던 것이다. 틀림없이 사연이 있을 것이라고 생각한 스님은 상좌에게 자초지종을 물었고 상좌는 다음과 같이 사실을 아뢰었다.

"집으로 가는 길에 작은 개울을 건너가게 되었는데, 개미떼 수천 마리가 새까맣게 붙어 있는 큰 나무껍질이 흙탕물에 떠내려오고 있었습니다. 조금만 더 가면 작은 폭포가 있고 그 아래 물이 소용돌이치고 있어 모두가 물에 빠져 죽을 상황이었지요. 순간 스님께서, '죽을 목숨을 살려주어야 불자로서의 도리를 다하는 것이고 복을 받는다.'고 하신 말씀이 생각나서 얼른 옷을 벗어서 옷으로 나무껍질과 그 개미들을 다 받아 가지고 마른 언덕 땅에다 놓아주었습니다."

스님은 그 말을 듣고 무릎을 탁 쳤다. 그리고 상좌의 등을 두드려주며 말했다.

"그러면 그렇지! 개미떼를 살려준 공덕으로 장수하게 되었고 부처님의 법을 잘 공부하게 되었구나. 이게 다 불·보살의 가피력이시다. 나무 관세음보살."

7일 뒤에 죽을 상좌의 생명이 방생한 공덕으로 70년 연장되었다는 이야기다.

『잡보장경』에도 이와 유사한 인연담이 등장하는데 관상을 본 스님이 아라한인 부분만 다르고 나머지 내용은 거의 흡사하다.

방생공덕최제일放生功德最一이니
무량공덕운래집無量功德雲來集이로구나

방생의 공덕의 가장 수승하니
한량없는 공덕이 구름처럼 모여드는구나.

모든 선법善法 가운데 방생의 공덕보다 큰 것은 없다. 무릇 기타의 선법은 자기의 마음이 깨끗하지 못하면 공덕이 없으나 방생은 그 마음이 깨끗하든 깨끗하지 않든 그 일은 모두 직접 중생에게 혜택이 미치는 것이다. 그때문에 불가사의한 과보가 있으며 비록 한 마리의 생명을 방생해도 그 공덕을 헤아릴 수 없는 것이다. 왜냐하면 방생된 중생은 참을 수 없는 죽음의 고통에서 벗어나기 때문이다.

게다가 방생하면서 부처님의 명호와 다라니를 염하여 가피를 주면 마침내 그들 중생도 불퇴전의 과위를 얻게 된다.『석가불전釋迦佛傳』에서 이르기를, "이전에 큰 자라가 있었는데, 자라를 먹고 싶어 하는 많은 상인들 중에서 어느 분이 부처님 명호를 염하였습니다. 부처님 명호를 들은 공덕으로 그 자라는 사람의 몸으로 바뀌어 태어나, 석존의 가르침 하에 아라한과를 얻게 되었습니다."라고 하였다. 그러므로 방생할 때는 부처님 명호를 염하는 것을 절대로 잊지 말아야 한다.

용수 보살께서『대지도론』에서 "모든 죄 중에서 살생이 가장 중하며, 모든 공덕 중에서 방생이 제일이다."라고 하셨다. 또『지장십륜경地藏十輪經』에서 이르시기를, "만약 모든 살생을 금할 수 있으면, 모든 중생이 공경하며 무상보리를 이룬다. 항상 병이 없고 수명이 늘어나며 안락하고 편안하여 손해가 없다. 세세생생 여래의 행을 깊이 믿고 현생에서 불법과 승중을 보고 속히 무상보리의 과를 얻게 된다."라고 하셨다.

방생의 열 가지 공덕은 도병겁(전쟁)이 없으며, 모든 길상함이 모이며, 건강하고 장수하며, 자식이 많고 훌륭한 아들을 얻으며, 모든 부처님께서 기뻐하며, 중생이 은혜에 감사하며, 모든 재난이 없으며, 천상에 태어나며, 악업을 소멸하고 사해가 안녕하며, 세세생생 끊이지 않고 선심이 서로 감응하는 것이다.

가장 중요한 계율인 불살생계를 지키는 동시에 방생의 공덕을 쌓아나간다면 업장을 소멸하고 보다 순탄하게 깨달음의 길로 들어서게 됨을 명심하기 바란다.

나한기도의 영험

　제주도 한라산 백록담 서남쪽 정상으로 가는 길에 2천여 개의 기암으로 둘러싸인 계곡이 있다. 백록담, 물장올과 함께 한라산 3대 성소 중의 하나로서 이 계곡 절벽의 동쪽은 5백여 개가 넘는 형형색색의 모양을 한 수십 미터나 되는 돌기둥들이 울창한 숲사이를 뚫고 서 있어 마치 나한불상羅漢佛像이 공대恭待하여 서 있는 것 같기도 하다. 서쪽 벽 역시 1천 2백여 개의 바위기둥이 한데 붙어 서 있어 마치 장삼으로 장엄한 부처님이 서 있는 것 같다. 이 계곡의 웅장하게 둘러친 모습이 마치 석가여래가 불제자에게 설법하던 영산靈山과 비슷하다 해서 영실靈室이라고 불리며 이들 기암괴석은 또한 나한님들과 같다하여 오백나한이라고 부른다.
　한라산은 이처럼 오백나한과 인연이 깊은 곳이며 실제로 한라산漢拏山의 본래 명칭은 나한산羅漢山이라고 한다. 그래서 생전에 일타 큰스님은 한라산을 '나한산' 이라 부르고 글자로도 쓰셨으며, 제주도에는 나한상을 모시는 것이 좋다고 하셨다. 약천사에 나한전을 모신 것도 스님의 유지를 이은 것이다.

나한羅漢은 아라한(Arhat)을 음사音寫한 글자이며, 부처님의 교법을 듣고 수행하여 수다원, 사다함, 아나함의 과위果位를 거친 최고의 제4과를 증득한 성자를 말한다. 나한은 더 이상 배울 것이 없는 무학위無學位라고도 하며, 응당히 공양을 받을 수 있는 복덕과 지혜를 갖추었다는 뜻에서 응공應供이라 한다. 또, 모든 번뇌망상의 적을 없앴다는 의미로 살적殺賊이라 하고, 다시는 중생의 몸으로 태어나지 않을 것이므로 불생不生이라 하고, 마음의 모든 악을 떠났기 때문에 이악離惡이라고도 부른다.

나한에는 16나한, 500나한, 1,000나한이 있으나 한국 사찰에는 16나한전이 가장 많다. 그러나 중국에서는 거의 18나한을 모신다. 16나한을 모시는 의례에는 이러한 설명이 보인다.

"열 여섯 분의 성자는 석가모니 부처님께서 열반하신 후 자씨 미륵보살이 부처님으로 다시 태어나시기 전까지 열반에 들지 않고 오랫동안 말세에 머물며 삼천대천세계에 두루 화현하여 몸을 백억의 티끌처럼 많은 분신으로 나투어, 혹은 맑은 물, 푸른 산에서

공空을 관觀하고 도道를 즐기며, 혹은 천 나라, 만 나라의 국토에서 중생을 제도하여 이익되게 하시네. 여기 공양을 올리고 의례를 드리니, 반드시 감응의 생각을 빌어 구하는 바가 있으면 다 이를 따르고, 원하는 것은 따르지 않는 바가 없으시네."

나한기도에 임할 때는 천백 억의 화신이신 석가모니 부처님과 미륵보살과 제화가라보살을 청하여 증명으로 모시고 16나한님께 공양을 올리고 정진을 한다.

일심으로 제 마음에 새기어 입으로는 '십육성중十六聖衆'이나 '제대성중諸大聖衆'의 명호를 일념으로 칭념하게 되면, 기도의 정성에 성현이 감응하시어 반드시 어떤 불가사의한 모습을 현전現前이나 꿈 속에 나투어 소원을 이루게 한다. 이는 석가모니 부처님께서 영축산 법회에서 나한들에게 부촉하시기를, 열반에 들어 열반락涅槃樂을 즐기지 말고 선정에 들어 있으면서도 천상이나 인간들의 공양에 응하여 복을 짓는 밭이 되어달라고 하셨기 때문이기도 하다.

진묵겁전조성불 위도중생현세간 塵墨劫前早成佛 爲度衆生現世間
외외덕상월륜만 어삼계중작도사 巍巍德相月輪滿 於三界中作導師

오랜 겁 전에 일찍이 성불하시고, 중생을 제도하려 세간에 나투셨네.
높고 높은 덕상은 둥근 달 같아, 삼계 가운데서 스승이 되셨네.

사향사과조원성 삼명육통실구족 四向四果早圓成 三明六通悉具足
밀승아불정녕촉 주세항위진복전 密承我佛叮嚀囑 住世恒爲眞福田

네 가지 발원으로 네 가지 과덕을 원만히 이루시고
세 가지 밝은 신력 여섯 가지 신통력 모두 구족하셨네.
비밀히 우리 부처님 정녕한 부촉받아
세간에 머무시며 참된 복밭되어 주시네.

그러나 나한기도는 관음기도나 지장기도처럼 아무 곳에서나 할 수 없다. 반드시 나한전에서 기도를 하되, 기도 날짜를 신중히 정하고 기도 중에는 몸과 마음을 항시 정갈히 하여 정성스레 공양을 올리고 한시라도 게으름 없이, 또 흐트러짐 없이 일심으로 정성을 다하여 기도하면 반드시 감응과 그 공덕이 있을 것이다.

불법은 인과가 분명한 종교다.
악인이나 축생이 선업을 지어 선인이 되기도 하고
선인이 악업을 지어 악인이나 축생이 되기도 하다.
나한은 성격이 급하고 영특하기 때문에
나한 불공이 효과가 빠르다고 한다.

원숭이와 도적이 500나한이 되다

사람으로 태어나기 어렵고, 또한 불법佛法을 만나기 어렵다고 했다. 그렇지만 흉내라도 열심히 내다보면 그 공덕도 적은 것이 아니어서 복을 지을 수가 있다고 한다. 스님들이 참선을 하는 선방 건너편 산에 원숭이들이 있었다.

흉내 내기를 좋아하는 원숭이들은 참선하는 스님네들을 흉내냈다. 한 우바이 존자가 가을 벌판을 지나가다가 탐스럽게 익어 고개를 숙이고 있는 조밭 가에서 걸음을 멈추게 되었다. 그가 잘 익은 조 이삭을 손으로 만지니 조 세 알이 손바닥에 떨어졌다. 남의 곡식을 버릴 수도 없고 버리나 먹으나 마찬가지라 여겨 조를 먹었다.

우바이 존자는 자기가 먹은 조 세 알에 해당하는 보상을 하기 위해 소가 되어 밭 주인의 집에서 살게 되었다. 밭 주인은 소가 들어온 뒤부터 농사가 잘 되고 모든 일이 잘 풀려 큰 부자가 되었다. 소는 조 세 알에 3년 농사를 지어 주었다. 그 3년째 되는 날, 소가 주인에게 말했다.

"주인장, 이틀 후 이 마을에 산적떼가 쳐들어올 것입니다. 5백 명이 먹을 수 있는 음식을 장만해 놓고 산적 떼를 기다리십시오. 재난은 내가 면하게 해드리겠습니다."

주인은 소가 말을 하는 것이 이상하고 신기해서 시키는 대로 음식을 장만해 두었다. 소의 말은 어김이 없었다. 정말로 창, 칼을 들고 활을 멘 산적떼 5백 명이 쳐들어온 것이다. 산적들은 넓은 마당에 차려져 있는 음식들을 먹기 시작했다. 그러면서도 산적 두목은 고개를 갸우뚱했다. 여지껏 여러 마을을 털고 다녔지만 이렇게 미리 자기들이 올 줄 알고 음식을 준비해 놓았다가 먹을 수 있도록 해준 경우는 처음이기 때문이다.

한창 음식을 맛있게 먹는 중인데 집주인이 모습을 나타내자, 산적이 말했다.

"당신은 신통력을 가지고 있는 거요? 어떻게 우리가 올 줄을 알았소이까?"

집주인이 말했다.

"나에게 그런 신통력이 어찌 있었겠소. 소가 알려 주어서 알았을 뿐입니다."

"소가 말을 했다구?"

이때였다. 외양간에 있던 소가 걸어 나오더니 산적떼가 지켜보는 앞에서 껍질을 벗고 원래의 우바이 존자가 되어 일장설법을 했다.

"나는 산중에서 수도를 하는 사람인데 이 집 밭 옆을 지나가다가 탐스럽게 익은 조를 만지게 되었다. 이 때 조 세 알이 손바닥에 떨어졌기로 그것을 버릴 수가 없어서 먹었다. 남의 곡식을 세 알 먹은 대가로 소가 되어 3년 동안 이 집 농사를 지어 준 것이다. 그런데 너희들은 창과 칼로 남의 재물을 수없이 강탈했으니 소가 되어도 몇 백 번이나 되겠는가?"

설법을 들은 도둑들은 발심하여 출가를 했고 수행을 잘하여 나한과$_{羅漢果}$를 증득, 후일에 5백 나한이 되었다고 한다. 우바이 존자는 5백의 도적 무리를 교화시킨 후에 그 소가죽을 동쪽 바다에 던졌더니, 그 소가죽이 우무가사리가 되었다고 한다.

이 5백 나한들의 전신은 원숭이였다. 스님들이 수도하는 것을 흉내 낸 공덕으로 인간이 되었지만 워낙 미물이라 화적떼가 되었다가 다시 크게 대오$_{大悟}$ 각성하여 나한이 되었다고 한다.

불법은 이처럼 인과가 분명한 종교다. 악인이나 축생이 선업을 지어 선인이 되기도 하고 선인이 악업을 지어 악인이나 축생이 되기도 한다. 나한은 성격이 급하고 영특하기 때문에 나한 불공이 효과가 빠르다고 한다. 도둑질도 머리가 나쁘면 할 수 없는 것이기에 그 좋은 머리를 좋은 쪽으로 돌리면 충신, 열사가 되고 더욱 마음을 낸다면 성인도 가능한 것이다.

나한 불공의 영험에 대해서는 진묵 대사의 일대기에 흥미있는 일화들이 보인다.

진묵 대사와 16나한의 신통

조선시대 전주 부에 있는 한 관물(官物)을 축낸 죄인이 도망을 가려고 청량산 목부암의 진묵 대사에게 인사를 하러 왔을 때, "도망가는 것이 어찌 남자의 할 짓인가? 그러지 말고 나에게 공양을 올려라."고 하였다. 그를 돌려보낸 다음 대사는 주장자를 가지고 나한당에 들어가 차례로 나한의 머리를 세 번씩 때리며 "관리 아무개의 일을 잘 도와주라."고 명했다.

그 이튿날 밤에 나한이 그 관리의 꿈속에 나타나서, "네가 구하는 바가 있으면 직접 우리들에게 말할 것이지, 어째서 대사에게 말하여 우리를 괴롭히느냐? 너의 소행을 보아서는 불고(不顧)하여도 가하나 대사의 명령이시니 쫓지 않을 수 없다." 하고 그를 구해 주었다.

또 어느 때, 동자승으로 변한 나한들이 진묵 대사를 골려 먹을 심산으로 깊은 시냇물을 건너면서 물이 얕다고 속여 진묵 대사를 깊은 물 속에 빠뜨린 일이 있었다. 그때 진묵 대사는 물 속에서 허우적거리면서 나한들에게 호통을 쳤다.

"너희 영산 16나한들에게 말하노니, 신통과 묘용은 내 비록 너희에게 미치지 못하나 대도大道는 마땅히 나 진묵에게 물어야 하리라 (神通妙用吾不及이나 大道應問老比丘하라)."

진묵 대사는 만년에 전주 봉서사에 주석했다. 어느 날 스님이 시자와 함께 개울가를 거닐다가 문득 물가에 서서 물 속에 비친 자기의 그림자를 가리키며 말했다.

"저것이 바로 석가모니불의 모습이다."

그러자 시자가 답했다.

"이것은 큰스님의 그림자입니다."

그러자 스님은 "너는 다만 나의 거짓 모습만 볼 줄 알았지, 석가의 참 모습은 모르는구나." 하며 탄식했다고 한다.

또 스님은 출가자의 몸이었지만 어머니를 평생 절 근처에 모시며 지극히 봉양했다고 한다. 출가가 삶을 버리고 인간을 버리는 행위가 아님을 몸소 증명하신 것이다. 어머니가 돌아가셨을 때 바친 제문祭文은 스님이 얼마나 효성이 지극했는지를 절절히 보여준다.

"열 달 동안 태중에서 길러주신 은혜를 어찌 갚사오리까? 슬하에서 3년을 키워주신 은혜를 잊을 수가 없나이다. 만세를 사시고 다시 만세를 더 사신다 해도 자식의 마음은 오히려 만족하지 못할 일이온데, 백년도 채우지 못하시니 어머니 수명이 어찌 그리도 짧으시옵니까? 표주박 한 개로 노상에서 걸식하며 사는 이 중은 이미 그러하거니와 비녀를 꽂고 규중에 처하여 아직 시집가지 못한 누이동생이 어찌 슬프지 않겠습니까? 상단공양도 마치고 중들은 각기 방으로 돌아갔으며 앞산은 첩첩하고 뒷산은 겹겹이 온데, 어머님의 혼신은 어디로 가셨습니까? 아! 슬프고 슬프도다!"

어머니에 대한 효성뿐만 아니라 누이동생을 소중히 아낀 일이나 나한전에서 아들을 낳게 해달라고 기도하는 청신녀의 소망을 들어달라고 나한들의 뺨을 때린 일화들 또한 스님이 결코 해탈만을 추구하며 백성들의 아픔과 고통을 외면하지 않았다는 반증이다.

인기 탤렌트인 고두심 보살은 청도 운문사 사리암에서 생남生男불공을 하여 아들을 낳았다고 한다. 은해사 거조암을 비롯해 나한불공의 영험으로 유명한 절들이 있다. 제주도 약천사에는 일타 큰스님의 유지를 받들어 오백나한전을 건립했다.

인과와 참회수행

참회를 하면 아상의 산이 무너지면서 하심이 되고,
하심이 되면 저절로 업장 소멸을 할 수 있는 방편이 나타날 뿐 아니라,
업장이 쉽게 해결된다.
따라서 삶이 힘들어서 미소도, 부드러운 말도
할 수 없는 처지에 놓이게 되면
무조건 참회기도를 하라.
불행을 행복으로 바꾸고 싶으면 참회기도를 하라.

#2 인과와 참회수행

마음밭에 심는 씨앗

    가을에 심은 유채씨는 겨울 내내 자라나 4월이 되면 꽃이 절정을 이룬다. 이어 유채꽃들은 씨앗으로 바뀌고 그 씨앗들은 양질의 기름을 우리에게 선사한다. 이 꽃씨처럼 내 마음의 땅에 심어 놓은 업의 씨앗도 시간이 흐르고 인연을 만나면 어느 날엔가 싹을 틔우고 꽃을 피우고 결실을 맺게 된다. 하지만 업보의 꽃은 유채꽃처럼 마냥 아름답기만 한 것이 아니다.

    가사백천겁假使百千劫   소작업불망所作業不亡
    인연회우시因緣會遇時   과보환자수果報還自受

    가히 백천 겁을 지날지라도 지은 바 업은 없어지지 않나니
    인과 연이 서로 만나게 되면 그 과보를 스스로 받게 되느니라.

부처님께서 설하신 이 게송처럼 뿌린 업의 씨대로 결과를 맞이하게 되어 있다. 오늘 내가 받고 있는 이 결과는 지난날에 심은 업 때문이요, 오늘 내가 심는 업의 씨는 미래의 결과를 낳게 되는 것이다.

창조주가 있어 시련을 주는 것도 아니요, 부처님께서 행복을 선사하는 것도 아니다. 오직 내가 짓고 내가 받는 것이다. 뿌린 대로 거두는 인과의 법칙을 확실히 믿고 살아가면 오늘의 과오와 고뇌를 근원적으로 치유할 수 있고 앞날을 복되게 창조할 수가 있다.

어찌하여 그러한가? 내가 잘못하여 오늘의 괴로움을 받고 있다는 것을 깨달으면 그 고난을 기꺼이 감수할 수가 있고 기꺼이 감수하면 지금의 고난을 쉽게 넘길 수가 있다.

"그래, 어차피 내가 받아야 할 것이라면 기꺼이 받자."

"누가 대신해 주지 않는 나의 일이라면 즐거이 하리라."

이렇게 싫어하거나 피하지 않고 '나'에게 다가온 고난을 적극적으로 받아들이면 오히려 일이 쉽게 풀리고 잘 극복하게 된다. 정녕, 지금 인내하면서 좋은 씨를 심는데 앞날이 좋지 않을 까닭이 있겠는가? 하지만 현재의 고난을 싫어하고 받아들여야 할 업을 피하고자 도망을 다니면 더욱 비참한 결과에 빠져들게 된다. 더욱이 현재의 결과에 대해 남을 탓하고 미워하거나 자신의 삶을 타락의 길로 몰아가면 현실 그대로가 지옥으로 변하게 된다.

　인간이 짓는 죄업의 근원은 아주 복잡하거나 특별한 것이 아니다. 오직 그릇된 한 생각에서 비롯된다. 이기적인 한 생각이 모든 죄업을 만들어내는 것이다.

인과의 원인이 되는 마음씨

우리에게 행복과 불행을 안겨 주는 업력은 크게 세 가지로 나뉘어 진다. 신·구·의(身口意) 삼업(三業), 곧 몸으로 하는 행위와 입으로 하는 말과 마음으로 하는 생각이 그것이다.

이 셋 가운데 어느 것을 가장 잘 다스려야 되는가? 흔히들 극악한 죄업은 몸으로 짓는다고 하면서 신업(身業)을 중하게 여긴다. 살생, 도둑질, 사음 등이 여기에 속하니 당연히 금해야 할 것이다. 또 모든 화근(禍根)이 말에서 비롯되므로 세 치 혀를 함부로 놀려 구업(口業)을 짓는 일이 없도록 해야 한다고 강조한다.

그러나 무엇보다 중요한 것은 의업(意業)이다. "어떻게 마음을 쓰는가? 어떠한 생각 속에서 사는가."가 가장 중요하다. 말과 행동은 생각을 거쳐서 나오고 생각은 마음씨에 따라 다르게 나오기 때문이다.

실로 탐욕과 분노와 어리석은 생각에 빠져 있으면 입에서 바른 말이 나오지 않고 행동이 바를 수가 없지만 무욕無慾과 자비심을 품고 있으면 사심없는 고운 말이 저절로 나오고 남에게 베풀고 남을 살리는 일을 자연스럽게 할 수 있게 되는 것이다. 이처럼 참으로 중요한 것이 '마음씨'이다.

흔히 우리는 '마음씨가 곱다.', '마음씨가 사납다.'는 말을 자주하는데 그 마음씨는 '마음땅[心地]에 심어 놓은 씨앗'에서 나온 말이다. 마음땅에 어떤 씨를 심느냐? 어떠한 마음가짐으로 어떠한 생각을 하며 살아가느냐? 이것은 참으로 중요한 과제이다. 내가 나쁜 생각에 빠져 나쁜 짓을 하는 것은 나의 마음땅에 나쁜 씨를 심는 것이 된다. 그럼 그 열매는 누가 거둘까? 어느 누구도 아니다. 그 마음밭의 주인인 내가 거둘 수밖에 없다.

좋은 생각을 발하여 좋은 일을 행하면 누가 행복해지는가? 물론 남도 행복해지지만 가장 행복해지는 이는 바로 '나'이다. 그러므로 마음밭에 좋은 씨를 심어야 하는 것이다.

'한 생각의 차이'이다. 나쁜 짓, 좋은 짓, 나쁜 결과, 좋은 결과는 짧은 '한 생각'에서 갈라진다. 한 순간 생각을 바꾸어 마음을 잘 쓰면 선인善因을 심고 선연善緣을 맺을 수 있으며 삼독의 먹구름에 휩

싸여 마음을 잘못 쓰면 악인(惡因)을 심을 뿐 아니라 악연(惡緣)만이 자꾸만 모여든다.

지금 불행이 찾아들었다면 한 생각을 돌이켜 매듭을 풀어보라. 싫어하거나 피하지 말고 '내가 받아야 할 업'이라는 마음가짐으로 묶인 매듭을 관찰하라. 바로 그 순간 악연의 먹구름이 흩어지기 시작한다. 그리고 차츰 서광이 비친다.

일찍이 부처님께서는 『사분율』에서 한 생각의 중요성에 대해 가르침을 주신 일이 있다.

병든 비구의 죄업과 과보

어느 날 마갈타 국의 빔비사라 왕은 부처님과 죽림정사에 있는 모든 스님들을 왕궁으로 청하여 공양을 올리고자 했다.

그러나 그날따라 부처님께서는 공양청(供養請)을 받아들이지 않고 대중스님들만 다녀오게 했다. 대중들이 떠난 죽림정사에는 부처님 말고는 또 한 명의 병비구(病比丘)가 있었다. 그는 모진 병이 들어 누군가가 똥·오줌을 받아 주어야만 하였는데 오랫동안 차도가 없자 다른 비구들의 간병이 갈수록 소홀해졌다.

자연히 병든 비구의 배설물에서 나오는 악취는 움막 근처에만 가도 코를 찔렀다. 게다가 악취를 싫어한 동료들이 공양마저 제때 갖다 주지 않았으므로 그 병든 비구는 배고픔과 고독 속에서 하루 하루를 눈물로 지새웠다.

모든 대중이 죽림정사를 떠나자 부처님께서는 병든 비구의 움막으로 발걸음을 옮겨 똥·오줌으로 찌든 짚을 걷어낸 다음 마른 짚을 푹신하게 깔아주셨다. 그리고 따뜻한 물을 길어와 병든 비구의 몸을 닦아주고 새 옷을 입혀주자 병든 비구는 황송해 하며 감격의 눈물만을 흘리고 있었다.

그때 부처님께서 물었다.

"그대는 이렇게 아파 누워있으면서 어떠한 생각을 주로 하느냐?"

"부처님이시여, 저의 생각이 잘못된 줄은 아오나 다른 비구들에 대한 미움이 뇌리에서 떠나지 않습니다. 아픈 나에게는 죽 한 그릇 제대로 주지 않고 저희들끼리 맛있게 먹고 즐겁게 사는 그들은 수행승이 아니라 짐승보다 못한 존재로 생각이 들 때가 많습니다."

"그렇다면 내가 그대에게 묻겠노라. 그대는 몸이 건강했을 때 병든 사람의 대·소변을 받아 내거나 죽을 끓여준 일이 있느냐?"

병든 비구는 당황한 표정을 지으며 답했다.

"세존이시여, 그러한 일이 없었습니다."

"그럼 병든 이에게 약을 달여 주거나 몸을 닦아주거나 한번이라도 너의 몸이 아픈 것처럼 걱정을 해준 적이 있느냐?"

"없습니다."

"그런데, 어찌 그대는 다른 비구들이 보살펴주지 않는다고 원망을 하느냐? 씨앗을 뿌리지 않았으면 열매를 얻을 수 없는 법, 모든 것은 인연 따라 생기고 인연 다하면 멸하느니라. 남을 괴롭히면 나 또한 괴로움을 당하게 되고 남의 재물에 손해를 입히면 나의 재물을 잃게 될 날이 오며 남을 매질하는 자는 내가 매질 당하는 때가 오느니라. 그리고 남의 마음을 아프게 한 자는 제 마음이 찢어지는 듯한 날을 맞이하게 되느니라. 무엇보다도 눈에 보이지 않는 우리의 마음밭에 씨를 잘 심어야 한다는 것을 꼭 명심해야 하느니라."

이때 대중들이 공양을 마치고 죽림정사로 돌아오자 부처님께서는 '여덟 가지 복 받는 일〔八福田〕'을 일러주시고 간병공덕에 대해 가르침을 내렸다.

"비구들이여, 여덟 가지 복전 가운데 병자를 간호하는 것이 가장 큰 복전이 되나니, 병든 자를 잘 보살펴주는 것은 부처님께 최상의 공양을 올리는 것과 같느니라."

이어 부처님께서는 아난 존자의 청에 따라 병든 비구와 전생인연을 설하셨다.

"아득한 옛날에 마음씨가 고약한 왕이 있었으니, 백성들은 그를 악행왕(惡行王)이라 하였느니라. 더욱이 그는 음심(淫心)까지 깊어 마음에 드는 여인이면 처녀나 유부녀, 신하의 부인을 가릴 것 없이 모두 취하였으며 반대하는 이가 있으면 멀리 귀양을 보내거나 사정없이 채찍으로 때렸느니라.

어느 날 악행왕은 어질고 아름답게 생긴 유부녀에게 반하여 신하로 하여금 왕궁으로 데려오게 하였으나, 그녀는 단호하게 거부 하였느니라.

"차라리 죽음을 택할지언정 내 남편 이외의 사람과는 함께 할 수 없다."

그러한 아내를 보면서 남편은 대신 잡혀가 초주검이 되도록 매를 맞을 것을 알면서도 뜻을 굽힐 수 없었느니라.

"절대로 아내를 보낼 수 없소. 나를 잡아가시오."

잡혀간 남편은 악행왕의 부하 중 채찍질을 잘 하기로 소문난 장사 앞에 꿇어 앉았느니라. 그 장사는 뇌물을 주는 이에게는 거짓 매질을 하였지만 뇌물을 주지 않는 이에게는 인정사정 두지 않아 그의 채찍에 죽은 자가 부지기수였느니라.

남편은 두 눈을 감은 채 합장을 하고 애절히 장사에게 청을 하였느니라.

"힘센 장사님, 저는 돈 한 푼 없는 가난뱅이 백성입니다. 그러나 항상 부처님을 믿으며 선행을 쌓고 다른 이의 복됨을 빌고 있습니다. 힘센 장사여, 만일 저의 목숨을 구해 준다면 저승에 가서라도 그 공을 잊지 않고 꼭 갚겠나이다. 장사여, 살리고 죽이는 것은 오직 당신의 한 생각에 달렸으니 부디 자비심을 발하소서."

장사는 어떤 감명을 입은 듯 그 남편을 지긋이 바라보며 무언의 암시를 주고는 채찍을 날렸느니라.

"에잇!"

채찍은 땅바닥에 내리꽂혔고 남편은 거짓 비명을 질렀느니라.

"으악!"

이윽고 서른 대의 거짓 채찍질이 끝났을 때 남편은 감사의 눈짓을 보내고 형장을 빠져 나왔느니라. 이것이 아득한 겁 전의 일이니, 그때 매질한 장사가 지금의 병든 비구요, 살려달라고 청하였던 남자가 바로 나였느니라.

그 후 장사는 지옥에 떨어져 한량없는 고통을 받았고 그 고통이 끝난 연후에 6백 생 동안 소와 말이 되어 자신이 채찍을 휘둘렀던 사람들의 집을 돌며 매 값을 되돌려 받았으며 그 빚을 다 갚고 나서야 사람으로 태어났지만, 이렇게 아무도 돌보지 않는 병든 몸으로 살아가고 있느니라.

그리고 그때 내가 살려주면 공을 꼭 갚겠다고 하였으므로 오늘날 이렇게 비구가 되어 나의 간병을 받게 된 것이니라."

이 법문을 들은 병든 비구는 자신의 전생죄업을 깊이 참회하여 동료 비구들에 대해 원망하는 마음을 갖지 않았으며 병중에도 부지런히 정진하여 마침내 대도大道를 성취했다.

이 이야기를 보더라도 눈에 보이지 않는 우리의 마음 밭에 씨를 잘 심어야 한다. 마음씨가 모든 업의 근본이 되어 내 마음속 생각에 따라 나의 존재가 바뀌고 동시에 세상이 바뀐다. 지금 이 순간 마음 밭에 어떤 마음씨를 갖느냐에 따라 장래의 행복과 불행은 판가름 지어진다. 그러니 우리 불자들은 마음의 씨가 되는 '한 생각'을 잘 다스려야 하는 것이다.

선량한 사람을 채찍질하고
죄 없는 사람을 거짓으로 모함하면
그 과보는 용서가 없어
다음의 열 가지 재앙을 받는다.

살아서 못 견딜 고통을 받고
몸이 다쳐서 불구가 되며
저절로 병이 들어 괴로워하고
낙담하여 정신이 혼미해지네.

항상 남에게 모함을 받고
혹은 관청의 형벌을 받으며
재산을 송두리째 잃게 되고
친족들과 멀리 떠나 살게 된다.

가진 집은 모두 불태우고
모든 이에게 미움을 받다가
죽어서는 지옥에 들어가나니
이것이 열 가지 재앙이니라.

참회는 쓰레기로 가득한 집과 같은 내 마음, 나의 심보와
말버릇과 행동으로 만든 더러운 업장을 소멸시키는 최상의 방법이다.
그래서 참회를 하여 원래의 깨끗함을 회복해 가지라는 것이다.

인과에 대한 믿음은 행복의 열쇠

불교에서는 업을 말할 때, 동업과 별업으로 나누어 설명을 한다. 말 그대로 동업同業은 그 무리의 공통된 업이요, 별업別業은 그 무리 속의 구성원이 따로 받게 되는 업이다.

동업 때문에 사람으로 태어나지만 별업 때문에 남자와 여자의 구분이 있게 된다. 모든 사람이 생로병사의 업을 받는 것은 동업이요, 대한민국 사람이 남북분단 속에서 사는 것은 별업 때문이다. 지역, 직장, 학교, 가정 등의 집단 또한 마찬가지이다. 한 가정을 이루는 것은 그 가족의 동업 때문이요, 그 가족이 서로 다른 개성을 지니고 각기 다른 방향으로 살아가는 것은 별업 때문이다.

같은 교육을 받았는데도 어떤 사람은 장사를 하고 어떤 사람은 선생님이 된다. 기독교 집안에 태어나 기독교적인 환경에서 자랐는데도 어떤 사람은 불교를 믿고 승려가 되기까지 한다. 같은 날,

같은 곳에서 사고를 당했는데도 어떤 사람은 멀쩡하고 어떤 이는 죽는다. 이 모두가 동업 속의 별업 때문이다.

이처럼 우리는 동업의 과보를 받음과 동시에 별업으로 살고 있다. 이 두 가지 업 중에서 동업은 어쩔 수 없는 경우가 많다. 이 시대에 이 땅의, 이 가정에서 태어나 이러한 교육을 받고 이러한 법의 테두리에서 살아가고 있다는 것은 변화시키기가 힘이 든다.

그러나 별업은 다르다. 별업에 따라 '나'의 삶은 달라질 수가 있다. 그러므로 우리는 별업을 잘 가꾸며 살아야 한다. 별업을 잘 가꾸면 쉽게 바꿀 수 없는 동업의 불행한 환경 속에 처하더라도 능히 극복할 수가 있다.

업의 매듭을 풀고 업을 녹이는 최상의 방법은 마음을 바르게 쓰고 참회하고 선을 행하는 것이다. 그러나 이를 다 못하겠으면 인과를 분명히 믿고 참회만이라도 하라. 참회를 하면 마음씨가 바뀌고, 마음씨가 바뀌면 생활태도가 바뀌며 생활태도가 바뀌면 저절로 업이 녹고 행복이 찾아들기 때문이다.

인과 즉, '씨〔因〕가 열매〔果〕가 된다.'는 이 간단한 진리를 분명히 믿으면 우리는 능히 참회를 할 수 있고 마음씨를 바꿀 수 있고 생활태도를 바꿀 수 있다. 인과에 대한 믿음은 행복한 삶을 여는 열

쇠인 것이다.

아웅산 테러의 유일한 생존자 이기백 장군

1983년 10월 9일 오전 10시 25분. 미얀마 아웅산에서 일어난 테러 폭발사건으로 그 곳 국립묘지에 도열해 있던 한국의 장·차관 등 고위관리 17명 중 16명이 몰살당한 참으로 애통한 사건이 일어났다.

살아남은 딱 한 사람, 이기백 합참의장은 불자였다. 이기백 장군은 죽은 사람들과 함께 폭발의 중심부에 서 있었으나 부상만 입고 기적적으로 살아난 것이다.

미얀마로 출국하기 직전, 이기백 장군은 서울 보광사의 불상에 금칠이 벗겨진 것을 보고 안타깝게 여겨 새롭게 개금을 하도록 보시를 했다. 그리고 아웅산 묘소 참배에서 폭탄이 터지는 순간 그는 개금하기 전의 보광사 부처님이 섬광처럼 나타나는 환영을 느꼈다고 한다. 살아난 장군은 갈기갈기 찢어진 옷을 걸치고 잿더미 속을 걸어나왔는데 자신의 찢어진 옷 모양이 개금하기 전의 보광사 부처님 가사와 너무나 흡사함을 느꼈다.

"아! 부처님의 가피로 죽을 목숨이 살았구나."

그 신비한 체험을 한 이 장군은 귀국 직후 국군 장병들의 무운장구를 위하여 큰법당을 건립하는데 큰 공헌을 하였다고 한다.

큰 생각 없이 무심코 한 보시가 한 사람의 귀중한 목숨을 구했으니 불법의 가피가 이토록 지중하다. 상相이 없이 무심코 한 보시 인연이 목숨을 살릴 정도의 큰 과보로 돌아온 것이다. 언제 어디서나 선인善因은 선과善果를 필연적으로 불러온다는 사실을 증명한 우리 시대의 영험설화이다.

이기백 장군처럼 마음에서 우러나오는 선업을 짓게 되면 능히 위기 속에서도 구제를 받을 수 있게 된다. 이것이 별업의 인연법이요 별업의 인과법이다. 그러므로 우리는 주어진 환경 속에서 별업을 잘 가꾸며 살아야 한다. 자신의 업을 원망하지도 말고 신세를 한탄하지도 말고 남을 부러워하지도 말라. 마냥 '나'의 업을 기꺼이 받아들이겠다는 자세로 지난 업을 돌아보고 참회하면서 지금의 별업을 가꾸어야 한다.

하늘은 스스로 돕는 자를 돕는다

하느님을 열심히 신봉하고 신심이 돈독한 젊은 청년이 있었다. 그는 하느님이 자신의 기도만큼은 틀림없이 들어줄 것이라고 굳게 믿고 살았다.

그러던 어느 여름 날, 장대같은 비가 무섭게 쏟아지더니 동네가 물에 잠기기 시작했다. 마을 사람들이 트럭을 몰고 다니며 빨리 피하라고 소리를 쳤는데도 청년은 꿈쩍도 하지 않았다. 하느님이 자기를 특별히 보호해 줄 것이라고 확신했기 때문이다.

물은 점점 불어났다. 집과 집 사이로 배를 띄워 미처 피하지 못한 사람들을 실어 날랐지만 청년은 여전히 하느님만 의지하며 아무런 행동도 취하지 않았다. 자기처럼 신앙이 돈독한 사람을 죽게 내버려둘 하느님이 아니라고 확신하고 있었기 때문이다.

마침내 집이 물에 잠겼고 그는 흙탕물 속에서 허우적거렸다. 이번에는 헬리콥터가 다가와 사다리를 내려주며 올라오라고 했지만 그래도 사다리를 잡지 않고 기도만 하고 있었다. 그는 결국 죽고 말았다.

하늘 나라에 올라간 그가 하느님께 따졌다.

"하느님, 제가 얼마나 간절히 기도했는데, 이렇게 죽게 하실 수 있습니까?"

그러자 하느님이 물끄러미 바라보며 이렇게 말했다.

"너를 구원하기 위하여 많은 것을 보내 주지 않았느냐. 트럭도 보내고 배도 보냈으며 심지어 헬리콥터까지 보냈느니라."

이것은 유태인의 교과서라는 『탈무드』에 실린 한 대목이다. 믿음은 인간에게 구원을 주는 소중한 것이지만 행동이 없는 믿음은 공염불일 뿐임을 시사해 주는 글이다.

하늘은 스스로 돕는 자를 돕는다.
두드리라, 그리하면 열릴 것이니라.

불교에서는 그것을 업으로 풀이한다. 인간이 어떤 업을 짓느냐에 따라 개인의 삶과 그의 앞에 펼쳐지는 세상은 달라진다. 좋은 업을 많이 지으면 그만큼 삶의 구원을 얻으며 세상도 보다 살만하게 된다. 인간은 스스로 노력하지 않으면 자신의 삶도 세상도 나아지지 않는다. 또한 세상은 인간이 지어놓은 업으로 인해 오늘의 모습이 되었다. 세상이 유토피아처럼 살 만한 세상이라면 사람들은 더 이상 노력하지 않아도 될 것이다.

하지만 지은 업 때문에 만들어진 세상이라면 결국 노력으로 좋은 세상을 위한 선업(善業)을 많이 쌓아가는 수밖에 없다. 현실을 부정하고 사후에 극락이나 천당을 가기 위해서만 믿음을 갖는다면 그것은 삶의 도피일 뿐, 진정한 신앙이 아니다. 마음으로는 열심히 기도하되 살고 있는 세상이 좀 더 살기 좋은 세상이 되게 하기 위해서, 자기 자신의 삶이 훨씬 의미있는 삶이 되게 하기 위해서 끊임없이 그 이상에 걸맞도록 행동해야 한다.

그러한 마음과 행위를 사람들과 나누면서 사는 것 또한 중요하다. 그래야만 비로소 서로에게 필요한 존재가 될 것이다. 그것이 바로 사랑의 진실이다. 그래서 좋은 업을 지었던 사람에게서 사랑을 배우고 그의 행동을 거울 삼아 오늘 살아가는 지침으로 정하는 것이다.

큰스님의 생명을 살린 도둑

70대의 노스님이 한 분 계셨는데, 높은 산에 까치집만한 암자를 짓고 수행을 하고 있었다. 어느 날, 이 암자에 도둑이 들었는데 하필 그 시간이 스님들이 기상하는 새벽 두 시였다. 스님이 가만히 소리를 들어보니 공양간에 들어가 쌀을 자루에 퍼 담고 있는 것이었다.

우리 같으면 벌써 잡으려 했겠지만, 스님은 감기로 인해 나오려는 기침까지도 손으로 막으며 참았다. 그런데 문제는 쌀을 너무 많이 자루에 담아서 지게를 지고 가는 그 도둑이 자꾸 넘어지는 것 아니겠는가? 보다 못한 스님이 지게를 지고 가는 도둑에게 힘을 보탰다.

스님을 보고 놀란 도둑이 "죽을 죄를 지었습니다." 하며 용서를 구하자 큰스님은 "죽을 죄는 아니다." 라며 "도량에서는 그렇다 치고, 외나무다리는 어떻게 건너려고 하느냐?"고 물었다.

도둑은 "그래도 지고 가겠다."고 답했다.

큰스님은 연등을 켜 도둑의 앞길을 비춰주며 외나무다리까지 건너게 한 후, 다시 큰 길까지 안내하고는 이렇게 말했다.

"이제 나는 돌아가겠지만 이렇게 만났으니 축원이라도 올려주겠네. 도 선생님, 쌀 한가마 가져가서 건강하고 착한 사람 되시고 쌀이 떨어지면 새벽 두 시에 오지 말고 낮에 오소."

도둑은 집에 돌아와서도 큰스님 생각뿐이었다.

'극락이 있다면 스님이 갈 것이요, 지옥이 있다면 내가 갈 것이

다. 이제 도둑질은 하지 말자.'

그 도둑은 톱과 지게를 지고 그 절로 올라갔다. 그리고는 산에서 썩은 나무를 베어다 장작을 만들었다.

큰스님은 그 도둑이 하루 일 할 때마다 쌀 한 바가지를 퍼주었다. 이러기를 6개월. 어느 날 일을 다 하고 스님께 인사드리려 했는데, 스님이 보이지 않아 온 도량을 뒤졌다. 그때 큰스님은 식중독에 걸려 화장실에 가던 중 웅덩이에 빠져 다 죽어가고 있었다. 도둑은 전에 쌀을 훔쳐 지고 간 지게에 스님을 모시고 병원으로 부랴부랴 달려갔다. 치료를 받고 깨어난 큰스님은 도둑의 손을 잡으며 이렇게 말했다.

"당신은 나의 은인이오."

은인은 부처님이 보내주시는 것이 아니다. 자비의 마음을 내는 사람에게 은인이 나타나는 법이다. 절에서 기도만 한다고 복이 오는 것이 아니다. 여러분 가정과 이웃들에게 자비의 마음을 내라. 한량 없는 복덕은 그 자리에서 나온다. 여러분의 부모와 형제의 가슴을 아프게 하고 절에 와서 복 달라고 빌어야 아무런 소용이 없다는 말이다.

오늘부터 새로운 마음을 내어야 한다. 순진무구한 마음, 차별 없는 마음, 그 마음이 바로 부처님 마음이다.

삼생석의 옛 주인

중국의 역사책인 『당서唐書』에는 '이원李源 방원관訪圓觀'이라 하여 이원이라는 사람이 원관이라는 스님을 찾아간 이야기가 있다.

당나라 안록산의 난리(755~763) 때 당 명황唐明皇의 신하중에 이증이라는 사람이 있었는데, 이원은 그의 아들이다. 이증은 당 명황이 안록산의 난리로 촉나라 성도로 도망갈 때 서울인 장안長安을 지키라는 왕명을 받고 안록산과 싸우다 순국했다. 뒤에 국란이 평정되고 환도한 후, 나라에서 그 아들인 이원에게 벼슬을 주려 했으나 그는 도를 닦겠다고 하며 거절하고는 자기의 큰 집을 절로 만들고 혜림사惠林寺라 했다.

그런데 그곳에 원관이라는 스님이 와서 살게 되었다. 『고승전』이나 『신승전神僧傳』에는 '원관'으로 기록되어 있고, 다른 곳에서는 더러 '원택圓澤'이라고 기록되기도 했다. 보통 흔히 볼 수 있는 스님으로 마음 씀씀이가 퍽 좋았다.

한번은 원택 스님과 이원 두 사람이 아미산의 천축사 구경을 갔

다. 구경하는 도중에 어느 지방의 길가에서 한 여인을 보고 원택 스님이

"내가 저 여자의 아들이 될 것이다. 태어난 지 사흘 후에 찾아오면 당신을 보고 웃을 테니 그러면 내가 확실한 줄 아시오. 그리고 열두 해가 지난 뒤 천축사로 찾아오시오."

라고 말하는 것이었다. 아미산으로 가다가 이렇게 말하고 그는 길가에 앉아 숨을 거두었다.

원택 스님의 이야기가 너무 이상해서, 이원이 스님의 말대로 수소문해서 여인의 집을 찾아가보니 사흘 전에 아이를 낳았다는 것이었다. 이원이 아이를 보자 하루 종일 울음을 그치지 않던 그 아이는 이원을 보고 생글생글 웃는 것이었다. 이원은 이로써 그 아이가 원택 스님의 환생인 줄 확실히 알고 혼자 집으로 돌아오니, 집안 사람들이 스님께서 가시면서 이번에 가면 안 온다고 말씀하시고, 어느 곳의 누구 집에 태어날 것이라고 모두 말씀하셨다고 했다.

그리고 12년이 지난 뒤 팔월 추석날, 이원은 전당錢塘 천축사로 찾아갔다. 갈홍천葛洪川이라는 개울이 있는 곳에 이르자 달이 환히 밝은데 저쪽을 보니 웬 조그만 아이가 소를 타고 노래를 하며 오고 있었다. 그리고는 가까이 다가 오더니,

"이 선생은 참으로 신용 있는 사람이오. 그러나 가까이는 오지 마시오."

라고 말하는 것이었다.

약속을 어기지 않고 찾아왔으니, 신용 있는 사람이라고 하면서도 세속 욕심이 꽉 차 마음이 탁하니 가까이 오면 안된다는 것이었다. 이원이 바로 쳐다보지도 못하고 멈칫멈칫하며 서 있는데, 아이는 저만큼 떨어져 소를 타고 돌아가면서 노래를 하는 것이었다.

> 삼생석상구정혼 三生石上舊情魂
> 상월음풍막요론 賞月吟風莫要論
> 참괴정인원상방 慙愧情人遠相訪
> 차신수이성상존 此身雖異性常存
> 신전신후사망망 身前身後事茫茫
> 욕화인연공단장 欲話因緣恐斷腸
> 오월산천심이변 吳越山川尋已遍
> 각회연도상구당 却廻煙棹上瞿塘

삼생돌 위 옛 주인이여,

달 구경 풍월함은 말하지 마라.

부끄럽다. 정든 사람이 먼 곳에서 찾아오니

이 몸은 비록 다르나 자성은 항상 같다.

전생 내생 일이 아득하여 알 수 없는데

인연을 말하고자 하니 창자가 끊어질 것 같다.

오나라 월나라 산천은 이미 다 보고

도리어 배를 돌려 구당으로 간다.

이렇게 노래를 부르며 가는 것을 보고 이원은 그제서야 그 스님이 도를 통한 큰스님인 줄 알고, 더 가까이 하여 법문을 듣고 공부하지 못한 것을 후회하며 돌아가서 열심히 수행했다. 뒤에 나라에서 이원에게 간이대부라는 높은 벼슬을 주었으나 이원은 이를 거절하고 팔십여 세까지 살았다.

이것이 '이원 방원관' 설화의 내용으로, 이 이야기는 영겁불망 永劫不忘에 해당하는 것이다. 전생의 일을 조금도 잊어버리지 않고 그대로 기억하고 있으며 자유자재한 것이다.

노래 가운데 '삼생돌 위 옛 주인'이란 누구를 가리키느냐 하면 천태지의 선사의 스승인 혜사慧思(515~577) 스님을 말한다. 혜사 스님은 만년에 대소산에서 남악형산으로 처소를 옮기고 형산의 천주봉 봉우리 밑에 있는 복암사라는 질에 주석(住錫)하면서 제자들을 가르치고 있었다.

한번은 "내가 전생에도 이 복암사에서 대중을 교육시켰는데, 그 전생 일이 그리워서 이곳으로 왔다."고 말씀하셨다. 그러면서 대중을 거느리고 나가더니 아주 경치가 뛰어난 한 곳에 이르러 "이곳이 옛날 절터야. 지금은 오래되어 아무 자취도 없지만, 내가 전생에 토굴을 짓고 공부하던 곳이야. 근처를 파보자."고 하는 것이었다. 시키는 대로 그 주변을 파 보니 과연 기왓장과 각종 기물이 나왔다. 또 큰 바위가 있는 곳에 이르러 "이곳은 내가 앉아서 공부하던 곳이야. 죽어 이 바위 밑으로 떨어져 시체가 그대로 땅에 묻혔지."라고 말씀하셨다.

또 땅을 파 보니 해골이 나왔다. 이것이 혜사 스님의 삼생담이다. 금생에는 복암사, 전생에는 토굴터, 그 전생은 바위 위이므로 삼생석인 것이다.

혜사 스님은 그 도력이나 신통이 자재한 유명한 스님으로, 그런 분이 분명히 증거를 들어 확인한 것이니, 거짓이라고 할 수는 없다. 그래서 삼생의 해골이 나온 그 자리에 삼생탑을 세웠다. 이것이 유명한 남악혜사 스님의 삼생탑으로, 유명한 명소가 되어 많은 사람들이 찾아가는 곳이 되었다.

앞에서 원택 스님이 말한 '삼생석 위 옛 주인'이란 바로 혜사 스님을 가리킨 것이다. 곧 혜사 스님이 돌아가셨다가 나중에 당나라에 태어나서 원택이라는 스님으로 숨어 살았던 것이다. 다른 사람이 보면 모든 생활이 범승凡僧과 같았지만 실제 생활은 자유자재했던 것이다.

수행의 토대가 되는 참회

　우리 불교인은 오체투지五體投地의 절을 한다. 왼쪽과 오른쪽의 팔 굽, 왼쪽과 오른쪽 무릎, 그리고 이마의 다섯 곳을 바닥에 대고 절을 하기 때문에 오체투지라고 한다. 이렇게 오체투지를 하는 까닭은 "존경하는 당신께서 밟고 다니는 땅에 몸을 던짐으로써 제 자신을 최대한 낮추옵니다." 하는 뜻이 깃들어 있다.

　그리고 오체투지의 자세에서 두 손바닥을 뒤집어 귀옆에 까지 들어올리는데, 이는 "당신의 두 발을 저의 두 손 위에 얹어 머리 위로 받들어 모시옵니다." 하는 뜻이 간직되어 있다. 자신을 최대한 낮추고 상대를 받드는 이 오체투지는 참회정신의 결정체이며, 우리가 가까이 오체투지를 할 수 있게 될 때 참회의 대상인 죄업들은 녹아내리기 시작한다.

　매년 새해가 되면 결심도 하고 발원도 하고 공덕도 가꾸어야 하겠지만, 무엇보다도 참회로써 시작하는 것이 좋다. 참회로써 마음 그릇의 묵은 때를 씻어내어 깨끗이 만든 다음 새 것을 담아야 하기 때문이다.

참회(懺悔)란 무엇인가? 참회의 '참'은 지난날의 잘못을 뉘우친다는 뜻이요, '회'는 앞으로는 잘못을 저지르지 않겠다는 맹세의 뜻이 깃들어 있다. 따라서 참회를 하면 자연스럽게 지난날의 허물을 녹임과 동시에 바르고 향상된 삶의 길로 나아갈 수 있게 된다.

참회의 방법은 크게 '이참(理懺)'과 '사참(事懺)'으로 나뉘어진다. 이참은 이치에 맞추어 참회하는 것, 곧 마음으로 잘못을 수긍하고 반성하는 참회이며, 사참은 그 마음을 말이나 행동으로 표현하는 참회법이다.

『화엄경』 '보현행원품'에 나오는 참회게(懺悔偈)에는 이참과 사참이 잘 드러나 있다.

아석소조제악업 개유무시탐진치 我昔所造諸惡業 皆由無始貪瞋痴
종신구의지소생 일체아금개참회 從身口意之所生 一切我今皆懺悔

지나간 세상에 내가 지어놓은 모든 악업

무시이래로 탐진치 삼독으로 말미암아

몸과 입과 뜻의 삼업으로 지은 것이라

내가 이제 지성으로 간절히 참회합니다.

죄무자성종심기 심약멸시죄역망 罪無自性從心起 心若滅時罪亦亡

죄망심멸양구공 시즉명위진참회 罪亡心滅兩俱空 是卽名謂眞懺悔

자성에는 죄악이 없고 다만 분별심으로 인해 일어난 것

분별심이 없어지면 죄도 또한 없어지는 것이니,

죄도 분별심도 사라져 함께 텅 비어버리면

이를 가리켜 진실한 참회라 합니다.

위의 게송을 '사참게', 아래 게송을 '이참게'라 한다. 이 참회게를 꾸준히 정성 다해 암송하고 실천하면 마음이 청정해져서 죄업의 굴레에서 벗어나게 된다.

간단한 예를 들어보자. 다른 사람의 발을 밟았을 때 '아. 내가 잘못했다.'고 느끼는 마음이 이참이요, '죄송합니다.'라고 말하면서 고개를 숙이는 행동은 사참인 것이다. 따라서 이러한 이참과 사참이 함께 이루어질 때 온전한 참회가 가능해진다.

그럼 무엇을 참회할 것인가?

몸과 말과 생각으로 지은 업을 참회해야 한다. 번뇌 속에 파묻혀 사는 중생은 알게 모르게 내뱉는 말 한마디 행동 하나하나를 통하여 죄업은 쌓아간다. 그리고 알든 모르든 지은 업에 대한 과보는 한 치의 오차도 없이 찾아든다. 때가 되면 실로 무섭게 우리를 몰아치는 것이다. 곧 자신이 지은 업에 의해 우리는 업에 맞는 국토와 사회와 가정에 태어나고, 일생 동안 갖가지 고통을 받으며 살아가게 된다. 따라서 무엇보다 중요한 것은 참회를 통하여 지난 업을 녹이고, 생각과 말과 행동을 바르고 평화로운 쪽으로 바꾸어야 한다는 것이다.

오늘날 참회기도시에 가장 많이 독송하는『자비도량참법慈悲道場懺法』을 지은 양 무제梁武帝의 일화를 살펴보면, 참회의 중요성을 더욱 실감하게 될 것이다.

'자비도량참법' 지어 황후를 구제한 양무제

『자비도량참법』은 양무제가 황후 치씨를 위하여 편집한 것이다.

치씨가 죽은 후, 수 삭이 되도록 무제가 항상 생각하고 슬퍼하여 낮에는 일이 손에 잡히지 않고, 밤에는 잠을 이루지 못했다. 어느 날 침전(寢殿)에 있노라니, 밖에서 이상한 소리가 들렸다. 내다보니 큰 구렁이가 전상으로 기어올라오는데, 뻘건 눈과 날름거리는 입으로 무제를 바라보고 있지 않은가. 무제가 크게 놀랐으나 도망할 수도 없었고, 할 수 없이 벌떡 일어나 구렁이를 보고 말했다.

"짐의 궁전이 엄숙하여 너같은 뱀이 생길 수 없는 곳인데, 반드시 요망한 물건이 짐을 해하려는 것일지로다."

뱀이 사람의 말로 임금께 여쭈었다.

"저는 옛날의 치씨올시다. 신첩이 살았을 적에 6궁들을 질투하며 성품이 혹독하여 한번 성을 내면 불이 일어나는 듯, 활로 쏘는 듯, 물건을 부수고 사람을 해하였더니, 죽은 뒤에 그 죄보로 구렁이가 되었습니다. 입에 넣을 음식도 없고, 몸을 감출 구멍도 없으며, 주리고 곤궁하여 스스로 살아갈 수가 없습니다.

그리고 또, 비늘 밑마다 많은 벌레가 있어 살을 빨아먹으니 아프고 괴롭기가 송곳으로 찌르는듯 합니다. 구렁이는 보통 뱀이 아니므로 변화하여 왔사오니 궁궐이 아무리 깊더라고 장애가 되지 아니하옵니다. 예전에 폐하의 총애하시던 은혜에 감격하여 이 누추

한 몸으로 폐하의 어전에 나타나 간청하오니, 무슨 공덕이든 지어서 제도하여 주시옵소서."

무제가 듣고 흐느끼며 감상에 젖었더니, 이윽고 구렁이를 찾았으나 보이지 않았다.

이튿날 무제는 스님들을 궁궐 뜰에 모아 놓고 그 사실을 말하고, 가장 좋은 계책을 물어 그 고통을 구제하려 했다.

지공誌公 스님이 대답했다.

"모름지기 부처님께 예배하면서 참법懺法을 정성스럽게 행해야 옳을까 합니다."

무제는 그 말을 옳게 여기고, 여러 불경을 열람하여 명호를 기록하고, 겸하여 생각을 펴서 참회문을 지으니, 모두 10권인데 부처님의 말씀을 찾아서 번거로운 것은 덜어 버리고 참법을 만들어 예참했다.

어느 날, 궁전에 향기가 진동하면서 점점 주위가 아름다워지는데 그 연유를 알지 못하더니, 무제가 우러러보니 한 천인天人이 있었다. 용모가 단정한 천인이 무제에게 말하기를,

"저는 구렁이의 후신이옵니다. 폐하의 공덕을 입사와 이미 도리천에 왕생하였사오며, 이제 본신을 나타내어 영험을 보이나이다."

그리고 은근하게 사례하고는 마침내 보이지 않았다.

양 나라 때부터 오늘날까지 천오백 여년 동안 이 참회본을 얻어 지성으로 예참하면, 원하는 것은 모두 감응이 있었다.

업장을 씻는 참회

자비심을 품고 하심을 하며 언제나 미소를 짓고 덕담을 하며 살면 좋으련만, 다생다겁 동안의 아상我相에 길들여져 있고 지은 바 업보를 받아야 하는 중생들에게는 이것이 결코 쉽지가 않다.

그렇다면 어떻게 해야 하는가? 아상과 자존심으로 버티며 불행의 늪을 건너야 하는가?

아니다. 이때 하는 것이 참회기도요 발원이다. 모든 잘못은 아상과 이기심에서 생겨난다. 자비심이 부족하고 하심할 줄 모르기 때문에 그릇된 업을 짓고 불행의 과보를 받는 것이다. 그리고 그 불행의 업이 크면 잘 살고 싶어도 불행의 늪에서 벗어날 수가 없다.

그러므로 나의 힘으로 어떻게 할 수가 없을 때, 내 마음을 내 마음과 같이 쓰지 못할 때는 불·보살님의 큰 위신력威神力에 의지하며 참회기도를 해야 한다.

참회는 더러운 옷을 세탁하는 것과 같다. 온 집안을 대청소하는 것과 같다. 참회는 쓰레기로 가득한 집과 같은 내 마음, 나의 심보와 말버릇과 행동으로 만든 더러운 업장을 소멸시키는 최상의 방법이다. 그래서 참회를 하여 원래의 깨끗함을 회복해 가지라는 것이다.

그런데 불교에서는 참회를 하는 이에게 절을 많이 하도록 시킨다. 왜 절을 하면서 참회하는 것인가? 절을 많이 하게 되면 아상이 꺾인다. 이마를 조아려 거듭거듭 절을 하다보면 저절로 아상이 줄어들고 하심下心이 되는 것이다.

이 하심이 원래 마음이다. 아상이 사라진 하심이 되면 그로부터 온갖 행복이 도래하는 것이기 때문에 불행을 벗어나고자 하는 이들에게 절을 통한 참회를 많이 권하는 것이다.

그럼 참회를 하면 업보를 받지 않게 되는가? 그것은 아니다. 참회 전이나 참회 후나 모두가 업보를 받되 그 무게가 다르다는 것이다.

채찍질 하던 마부가 매 맞는 아내가 되다

옛날 한 여인이 술주정꾼과 결혼을 했다. 그런데 평소에는 잘 대해주고 멀쩡하던 남편이 술만 마시면 구타를 하는 것이었다. 견디다 못한 아내는 절에 찾아가 스님께 하소연을 늘어 놓았다.

"스님, 왜 제가 이런 고통을 당하며 살아야 하나요? 도대체 남편과 나 사이에 얽힌 업이 무엇이기에, 멀쩡하던 사람이 술만 마시면 저를 패는 것일까요? 스님, 이를 면할 수 있는 방법은 없는지요?"

"업장 소멸을 위한 참회기도를 하라. 기도를 하다보면 방법을 알게 될 것이다."

그날부터 그녀는 열심히 절을 하며 참회를 했다.

"잘못했습니다. 부처님! 지난 날에 지은 업장, 모두 참회합니다."

그런데 어느 날 문득 한 마부가 채찍으로 말을 때리는 모습이 눈앞에 떠올랐다. 그리고 그녀 자신이 전생에 마부 노릇을 했고 남편이 말이었던 것을 알게 되었다. 그녀가 스님께 이를 이야기 하자 스님께서는 처방을 내려주셨다.

"전생에 당신이 마부로서 말에게 먹이를 주고 정성껏 보살펴 주기도 하였지만 말이 잘 움직이지 않을 때 얼마나 많은 매를 쳤겠소? 그 과보로 남편이 된 말이 술만 취하면 당신을 때리는 것이오. 오늘 집에 가거든 부드럽고 가닥이 아주 많은 방 빗자루를 남편이 볼 수 있는 곳에 놓아두시오. 틀림없이 업장 소멸이 될 것이오."

그날 저녁 술이 취하여 돌아온 남편은 그 빗자루로 수십 차례 그녀를 때렸다. 그러더니 스르르 잠이 들었고 이튿날부터는 전혀 폭력을 쓰지 않고 금실 좋은 부부가 되었다. 수백 가닥의 빗자루로 몇십 번 내리침으로써 전생에 맞은 횟수에다 이자까지 모두 받아내었기 때문이다.

이 이야기에서처럼 참회를 제대로 하면 업장을 받되 쉽게 풀 수가 있다. 참회를 하면 아상의 산이 무너지면서 하심이 되고 하심이 되면 저절로 업장 소멸을 할 수 있는 방편이 나타날 뿐 아니라, 업장이 쉽게 해결된다.

따라서 삶이 힘들어서 미소도, 부드러운 말도 할 수 없는 처지에 놓이게 되면 무조건 참회기도를 하라. 불행을 행복으로 바꾸고 싶으면 참회기도를 하라. 참회를 하지 않으면 날마다 죄악은 커질 것이다. 곡식 밭의 잡초를 뽑아버리지 않으면 잡초가 퍼지듯이 죄의 싹을 뽑아버리는 것이 참회이다. 참회는 근본을 다스리는 수행이다. 불·보살의 대자비 속에 나의 업장을 다 맡기는 참회기도를 하는데 해결하지 못할 일이 어디 있겠는가?

이렇게 참회를 하여 업장을 녹이면서 발원發願까지 보태게 되면 참으로 금상첨화가 된다. 왜? 참회를 하여 깨끗해진 마음종이에 대자비심으로 일체중생의 행복을 축원해 주고 불행을 없애주고자 하는 원을 발하는 것이기 때문이다.

이 발원은 우리 불자들이 법회 때마다 외우는 사홍서원四弘誓願이 골격이 된다. 중생을 다 제도하고, 번뇌를 다 끊고 법문을 다 배우고, 마침내는 다 성불하자는 발원! 이 얼마나 거룩한 발원인가? 아상을 버리지 않는 자는 이 원을 진심으로 발할 수 없고, 하심하지 않는 자는 이 원을 성취할 수 없다. 오직 대자비심이 있는 자만이 이 원을 수용하고 성취할 수 있는 것이다.

모든 불자들이여! 모름지기 부처님의 법을 깊이깊이 받아들여 참회하고 발원하고 하심으로 자비행을 실천하는 참 보살이 되어보자. 우리가 진정으로 참회발원하고 하심하는 자비보살이 될진대는 얼굴 가득 언제나 미소가 감돌게 되고 묘한 향기가 나는 부드러운 말들이 저절로 흘러나와 마침내는 나 뿐 아니라 내 가정과 이웃과 나라를 극락같은 정토로 변화시킬 것이다.

잠깐 조용히 명상에 잠겨보라. 인간이 짓는 죄업의 근원이 무엇인지를……. 그 근원은 아주 복잡하거나 특별한 것이 아니다. 오직 그릇된 한 생각에서 비롯된다. 이기적인 한 생각이 모든 죄업을 만들어내는 것이다.

이제 이기적인 한 생각으로 인해 발생한 슬픈 실화 한 편을 살펴본 다음, 참회에 대해 다시 이야기하고자 한다.

잘못된 행동에는 후회만이 있을 뿐이다

경상남도 양산에서 남편 몰래 바람을 피웠던 한 여인이 일으킨 사건이다. 정부와의 관계가 불꽃과 같이 타오른 그녀는 남편이 눈엣가시처럼 거슬렸다. 정부와 마음껏 놀고 싶은 마음만큼 남편이 두려웠던 것이다. 하지만 애욕의 불은 그녀의 이성을 마비시켰고, 정부와 함께 살기 위해 급기야는 남편을 제거하기로 마음을 굳혔다. 어느 날 저녁 남편이 돌아오자 그녀는 애교 띤 음성으로 말했다.

"여보. 내일은 소풍 겸 산에 도토리를 주우러 가요. 동동주도 넉넉히 준비해서요."

남편은 좋아라 하였고, 이튿날 산으로 가서 함께 도토리를 열심히 줍던 그녀는 남편에게 청했다.

"목마르실텐데 동동주 한잔 드세요."

땀을 훔치며 아내가 건네 주는 동동주 한 사발을 단숨에 들이킨 남편은 그 자리에서 데굴데굴 구르기 시작했다.

"으, 이 술이 이상해. 속이 찢어질 것 같아! 여보, 제발 날 좀…
…. 으으, 날 좀 살려줘."

온몸을 뒤틀며 괴로워하는 남편을 냉정히 보고 있던 그녀는 가방에서 망치를 꺼내어 남편의 머리를 내리쳤다. 술에 탄 농약으로 안심을 하지 못해 망치까지 사용한 것이다. 마침내 남편은 부르르 몸을 떨더니 더 이상 움직이지 않았고, 그녀는 황급히 집으로 돌아왔다.

그러나 남편은 죽지 않았다. 가물거리는 의식 속에서 어떻게 하든 살아나야 한다며 정신을 차렸고, 가까이에 있는 계곡으로 엉금엉금 기어가 하염없이 물을 들이키고 또 들이켰다.

그리고 한밤중이 되어 마을까지 기어내려간 그는 길 가던 사람의 도움으로 병원으로 갔다. 병원에서 치료를 마친 그는 경찰에 신고하였고, 경찰이 부인에게 거짓 사망소식을 알리자 그녀는 기다렸다는 듯이 달려왔다. 거짓 곡성에 거짓 눈물까지 담고서…….

현재 그녀는 감옥에 있다.

불교는 마음을 찾는 종교요, 마음을 보는 종교요,
마음을 아는 종교요, 마음을 깨닫는 종교요,
마음을 잘 사용하도록 가르치는 종교이다.

아상을 녹이는 참회

앞의 이야기에서 처럼 그릇된 한 생각에 집착이 붙고 이기심으로 불타오르게 되면 죄를 짓는 것조차 두려워하지 않는다. 아니라는 것을 알면서도 아닌 쪽으로 흘러가고 그릇되다는 것을 알면서도 그릇된 쪽으로 나아간다.

물론 죄업에는 반드시 나쁜 과보가 따른다. 내가 짓고 내가 받는 인과응보의 삶이기 때문이다. 행복의 씨를 심어 가꾼 이는 행복을 누리고 불행의 씨를 심어 가꾼 이는 불행에 빠져 살기 마련이다. 불행이 닥친 다음에는 가슴을 치고 탄식한들 어찌 할 수가 없다.

인과응보는 누구의 탓도 아니다. 부모의 탓도 조상의 탓도 아니며 염라대왕의 탓도 아니다. 어떠한 사마악귀의 탓도 아니다. 아무리 포악한 사마악귀도 재앙을 줄 수 있는 인연이 없으면 해치지를 못한다. '나'에게 다가오는 행과 불행은 오로지 내가 짓고 내가 받는 것이다.

그럼 이미 지은 죄는 결코 돌이킬 수 없는 것인가? 죄를 지었으면 불행하게 살 수 밖에 없는 것인가?

아니다. 그때 필요한 것이 참회이다. 물론 참회에 있어서도 무엇보다 선행되어야 할 것은 인과응보를 믿는 것이다. '내가 지었기에 내가 받는다.'는 이 간단한 법칙을 온전히 받아들일 때 '나'의 죄업은 치유되기 시작한다. 인과에 대한 믿음은 나의 마음 속에 굳게 닫혀 있는 참회의 문을 여는 열쇠가 된다. 그리고 참회를 이루는 가장 긴요한 비결은 아상을 끊는 것이다.

아상의 산! 남을 업신여기고 깔아뭉개면서 끝없이 높아만 가는 아상의 산. 자꾸자꾸 높아져 결국에는 무성한 숲을 이루고야 마는 아상의 산. 이 아상의 산을 꺾어내리는 작업이 참회를 성취시키는 단 하나의 실천강령이다.

아상은 이해하기 어려운 것이 아니다. '나는 똑똑하다. 나는 잘났다. 나는 많이 안다. 나는 부자이다. 나는 높은 지위에 있다. 나는 너보다 낫다.'고 하는 일상의 생각들이 바로 아상이다. 곧, 너에 대한 나의 상대적인 우월감이 아상인 것이다.

따라서 아상의 산을 무너뜨리는 방법은 간단하다. 나의 고개를 숙이는 것이다.

"저는 부족한 존재입니다. 제가 잘못했으니 용서해 주십시오."

이렇게 하면 아상은 스르르 무너지고 참회는 저절로 이루어진다. 하지만 삼척동자도 쉽게 할 수 있을 것 같은 이 말을 내 입으로 하기는 쉽지가 않다. 용서를 구할 만큼 크게 잘못한 것이 없다는 생각이 들고 고개를 숙이는 것 자체가 자존심이 상한다는 것이다.

그러나 업을 녹일 만한 진정한 참회를 하지 않으면 그 시기의 늦고 빠름은 있을지언정 반드시 과보를 받게 된다. 우리 불자들이 잘 알고 있는 한 편의 이야기를 통하여 이를 다시 한번 새겨보자.

인면창에 걸려 '자비수참'을 지은 오달 국사

중국 당나라 때 오달 국사라는 고승이 계셨다. 스님은 어려서 출가하여 계행을 잘 지켰고 항상 자비심을 품고 화를 내지 않았으므로 대중 스님들이 그를 추천하여 간병의 소임을 보게 했다.

어느 날 성질이 포악하고 인물이 괴상한 노스님 한 분이 병당으로 들어왔는데 자기의 요구대로 해주지 않으면 마구 때리고 야단을 치는 것이었다. 게다가 그 스님의 병은 참으로 고약하였다. 온 몸이 곪아터져 피가 나고 고름이 났으며 고약한 냄새가 온 방에 진동했다.

그러나 스님은 그 문둥병 스님의 피고름과 신경질을 싫어하지 않고 곁에서 열심히 간병했다. 오히려 더욱 불쌍하게 생각하고 좋은 약이 있으면 정성껏 구해드렸다. 스님의 지극한 간호 덕택이었던지 그렇게 중한 문둥병이 3개월만에 완치되었다.

그는 떠나면서 말했다.

"스님의 정성으로 병이 이렇게 나았으니. 내 한 가지 일러주리다. 스님 나이 40이 되면 크게 고통 받는 일이 생기리다. 그때는 꼭 나를 찾아야 할 것이니 부디 잊지 마시오. 다룡산 두 그루 큰 소나무 아래에 있는 영지靈池로 오면 나를 만날 수 있다오."

과연 40세가 되자 스님은 황제의 칙명으로 오달 국사라는 호를 받았고 금빛 찬란한 비단 장삼에 금란가사를 입고 천하진미만 입에 넣게 되었으며 만조백관 위에 군림하게 되었다. 그리고 황제는 스님을 자기의 봉연에 태우고 다니며 갖가지 자문을 구했다.

사람의 마음은 참으로 묘한 것이었다. 권력의 심장부에 있다 보니 오달 국사는 자신도 모르는 사이에 교만해지기 시작했다. 지난

날의 철저했던 계행은 하나 둘 가벼워졌고 40년 가까이 하루 한 끼만 먹던 것도 잊어버리고 말았다.

그런데 하루는 아무런 까닭 없이 넓적다리가 쓰리고 아파오기 시작하는 것이었다. 만져보니 난데없는 혹이 하나 생겼는데 점점 커지더니 주먹만해졌다. 더욱 이상스런 것은 그 혹에 눈도 코도 입도 있어 마치 사람의 얼굴과 똑같은 것이었다. 우선 걸을 때마다 오는 통증으로 얼굴이 크게 일그러졌으므로 국사의 체모가 말이 아니었다. 그런데 며칠이 지나자 그 아픈 다리에서 이상하게 사람의 말소리가 들렸다.

"오달아, 너 혼자만 좋은 음식 먹지 말고 나도 좀 주려므나. 그리고 걸음을 걸을 때는 제발 조심조심 걸어 아픔이 좀 덜하게 해다오. 네가 다리를 절뚝거리지 않으려고 억지로 걸음을 걸을 때마다 나는 얼굴이 당겨서 견딜 수가 없구나."

오달 국사는 기절초풍을 하며 물었다.

"네가 도대체 누구이며 나와는 무슨 원한이 있느냐?"

그러나 인면창人面瘡은 입을 다물어 버리고 말을 하지 않았다. 백약이 무효하여 고통의 나날을 보내던 어느 날 밤, 오달 국사는 문득 몇 년 전에 일러주고 간 노장스님이 생각났다.

'나이 40이 되면 나라의 국사로 추대받아 천하 사람의 존경을 받는다.'고 한 그 말씀이 쟁쟁하게 울려오자, 오달 국사는 부귀고 영화고 다 팽개치고 야반도주를 했다.

다룡산 두 소나무 아래의 영지를 찾아가니 안개가 자욱한 가운데 풍경소리가 들리는 한 칸의 정자에 과연 그때의 그 노장이 앉아 있었다.

"오늘 그대가 올 줄 알고 기다리고 있었노라."

오달 국사로부터 인면창 이야기를 들은 노장은 지시했다.

"인면창은 바로 그대 원수이니 어서 저 영지의 물로 말끔히 씻어 없애 버리시오."

오달 국사가 영지로 내려가 물로 씻으려 하는 데 인면창이 다급히 말했다.

"잠깐만 기다리게. 우리의 관계를 밝힐 테니……. 나는 옛날 한나라 경제(景帝) 때의 재상 조착이고, 너는 그 당시의 오나라 재상 원앙(袁盎)이었다. 너는 우리 나라의 사신으로 왔다가 경제 황제께 참소하여 무고한 나를 일곱 토막을 내어 죽게 만들었다. 그것이 철천지 원수가 되어 기회만 있으면 원수를 갚고자 하였으나 네가 참회를 하고 세세생생 스님이 되어 계행을 청정하게 지니고 마음닦기를 게을리하지 않아 기회를 얻을 수가 없었다.

그런데 마침 네가 국사가 되어, 계행이 날로 해이해지고 수행에 구멍이 나기 시작하자 너를 보호하던 모든 선신이 떠나가 버리더구나 그 틈에 나는 인면창으로 뿌리를 박을 수 있게 된 것이다.

그렇지만 너는 굳건한 불심으로 많은 사람을 구제해 온 공덕과 특히 병든 스님네를 잘 간병한 공덕이 있어 오늘 저 스님의 은혜를 입게 되었고 나 또한 저 스님의 가피를 입어 해탈하게 되었다. 이제 그대와의 원한은 모두 잊을 것이다.

이 못은 해관수解寃水라는 신천인데 한번 씻으면 만병이 통치되고 묵은 원한이 함께 풀어지게 된다. 또 저 스님은 말세의 화주로 다룡산에 계시는 빈두로賓頭盧존자이시다."

오달 국사가 그 물로 인면창을 씻자 뼛속까지 아픔이 전해지더니 인면창이 순식간에 사라졌다.

그로부터 오달 국사는 그 곳에 머무르면서 『자비수참慈悲水懺』을 지어 아침 저녁으로 부지런히 정진하였으며 지덕 선사至德禪寺라는 참회도량을 건립하여 구름같이 모여드는 대중들을 참회시키고 교화했다.

이 이야기는 우리에게 몇 가지 가르침을 일깨워 주고 있다.

첫째, 아무리 깊은 죄업일지라도 참회를 하고 수행을 잘 하면 업보가 쉽게 침범할 수 없다는 것. 둘째, 계행이 해이해지고 수행이 느슨해지면 선신이 떠나 원혼은 복수의 기회를 얻고 나쁜 과보가 발동하기 시작한다는 것. 셋째, 남을 구제하고 은혜를 베푼 공덕은 나쁜 업의 매듭을 푸는 원동력이 된다는 것이다.

참회는 번뇌망상의 진공청소기

새가 허공에 날아가더라도 허공에 새 발자국이 없듯이, 내 가슴 가운데 미워하는 사람을 만들지 말자. 아무리 더러운 오물이라도, 흙으로 덮어 주고 묻어 주면 훌륭한 거름이 되듯, 잘못한 사람을 덮어주고 이해하고 용서하고 모든 사람을 사랑하면 한량없는 복덕이 만들어 진다. 단비가 허공 가득히 내리더라도 접시에는 물이 작게 담기고, 큰 호수에는 물이 넉넉하게 담기나니 마음을 크고 넓고 자비롭게 쓰자.

불교는 마음을 찾는 종교요, 마음을 보는 종교요, 마음을 아는 종교요, 마음을 깨닫는 종교요, 마음을 잘 사용하도록 가르치는 종교이다. 좋은 음식을 담으려면 음식을 담으려는 그릇부터 깨끗이 닦아 놓고 좋은 음식을 받는 것처럼, 한량없는 부처님 광명을 받으려면 마음 청소부터 해야 한다. 그 마음 청소를 참회라 한다.

모든 불자들은 합장을 하고 지극한 마음으로 스스로 죄가 있으면 참회하라. 참회하면 안락하고 참회하지 않으면 죄가 깊어진다. 작은 죄를 지어서 죄악이 없다 하지 마라. 물방울이 적지만 시간이 흐르면 점점 그릇에 넘쳐나 무간지옥에 떨어질 수 있다.

우리 인생도 마무리를 잘해야 한다. 헤어질 때 섭섭한 감정으로 남을 분하게 하고 원수를 맺어 놓으면 그것이 시간과 세월이 흐르면 커지고 자라나 서로를 죽이고 해치는 원결이 되어서 세세생생世世生生 이어질 수 밖에 없다. 그래서 만남보다는 헤어질 때 잘 헤어져야 한다.

불교 수행 가운데 참선, 독경, 염불 등 여러 가지가 있다. 불자님들은 이 중에서 불자님들이 가장 쉽게 할 수 있는 것을 지극 정성으로 해야 한다. 지극 정성으로 관세음보살님을 부른다든지 아미타불을 부른다든지, 하나의 방편을 붙들면 그것을 쉬지 않고 계속해야 한다. 그래야 부처님이나 관세음보살님에게 발원자의 정성이 닿기 때문이다.

흐르는 물은 항상 가득하지 않고
해는 떴다가 서산에 지고 보름달도 찼다가 지나니,

부귀하고 영화로운 삶, 덧없음 보다 못하구나.

오직 부지런히 참회하고 정진할 때만이

생사 없고 병고 없는 저 열반에 도달하리라.

제석천이 수전노 노지장자를 교화하다

교살라국에 노지(盧志)라는 부자가 있었는데 그는 탐심이 많고 어리석었다. 자기 돈을 한 푼도 쓸 줄 모르고 남이 갖다주면 받을 뿐 보답할 줄도 몰랐다. 그리고 집안 살림도 그의 부인에게는 아무런 권한도 없었다.

어느 따뜻한 봄날 자기 집의 종들과 마을 사람들이 좋은 음식과 화려한 옷으로 떼를 지어 경치 좋은 곳에서 즐겁게 노는 것을 보고는 돈도 없는 놈들이 저렇게 즐겁게 노는 데 자신도 오늘 한번 멋지게 노는 것을 그들과 아내에게 보여주리라 결심했다.

금고에 손을 넣어 많이 꺼낸다는 것이 겨우 엽전 다섯 푼이었다. 시장에 나아가 한 푼으로 병을 사고 세 푼으로 막걸리를 사고 나머지 한 푼으로는 싸고 짠 소금을 샀다. 이것을 들고 남에게 빼앗기지 않기 위해 깊은 골짜기를 찾아 으슥한 숲속 바위 밑에 숨듯하여 주위에 인기척이 없음을 확인한 뒤에 술 한 병을 한꺼번에 다 마신 다음 소금 한 줌을 안주로 찍어 먹었다.

그리고는 혼자 흥취를 내어 시 한 수를 지어 불렀다.

"누가 비사문천의 부귀가 제일이라 했나.
제석천의 오락도 이제 보니 가소롭구나."

하면서 어깨춤을 추고 아예 옷을 벗고 궁둥이춤까지 추면서 시간 가는 줄을 몰랐다.

이때 제석천이 노지장자의 가소롭고 간탐심慳貪心 많음을 미워하여, 곧 노지장자의 모습으로 변화하여 그 집으로 내려갔다. 그리고 그 아들에게 "어머니와 식구들 다 모이도록 해라." 하고 일렀다. 그리고는 모인 가족들에게 이렇게 말했다.

"내가 이제까지 간탐귀慳貪鬼에게 붙들려서 돈 한 푼 못 쓰고 죽을 고생만 했는데, 오늘 내가 깊은 산에 가서 간탐귀를 떼어버리고 왔다. 내 이제 큰 잔치를 벌여서 축하하고자 하니 시장에 가서 음식도 푸짐히 장만하고 악사와 기생도 부르고 동리 사람을 모두 불러서 잘 대접하자."고 했다.

이때 노지장자는 산중의 바위에서 혼자 취흥을 돋구며 뛰어놀다 쓰러져 잠이 들었고 집에서는 큰 잔치가 벌어졌다. 해가 다 저물 즈음에 노지장자는 잠이 깨어 빈 병과 먹다 남은 소금을 싸가지고 집으로 와보니 큰 잔치가 벌어지고 있었다. 그는 아들 이름을 크게 부르며 영문을 물으려 했다.

그런데 그때 제석노지가 장자노지를 가르키며 "저 놈 간탐귀가 또 따라 왔구나. 너희들은 몽둥이로 저놈을 때려 쫓으라. 단단히 쫓아야 다시 덤비지 못할 것이다." 이르니 자식과 하인들이 일시에 몽둥이를 들고 왔다. 장자노지는 몇 대 맞다가는 우선 도망가지 않을 수 없었다. 정신없이 시장까지 쫓겨가서 평소에 잘 아는 가게 주인을 만나서 하소연 했다. 그러나 그 가게 주인도 아들들에게 들은 이야기가 있었으므로 역시 아들들과 똑같은 이야기였다. 그는 할 수 없이 그 고을 원을 찾아가서 억울한 사정을 호소했다.

원님은 생각하기를 '저 놈이 아주 인색한 수전노임에 틀림 없지만 내가 공정한 판결을 내려야 할 책임자인만큼 사실 여부를 먼저 가려내리라.' 결심했다. 그리하여 사령장교를 불러 그 집의 처자권속과 노지장자 행세를 하는 자를 다 붙들어 오도록 했다. 그리고 원고와 피고에게 각각 자기 집안의 동산, 부동산의 재산을 말해 보도록 했다.

그래서 원고인 장자노지는 "논이 삼 만여 두락이고 밭이 오 천여 두락이며 집도 이 백여 칸이 됩니다." 하고 진술했으며, 피고인 제석노지는 "논은 3만 6천 7백 4십 8 두락이고 밭은 5천 7백 일흔 두 마지기이오며 집은 3백 8십 5 칸입니다." 하고 진술하자 원님은 피고의 말이 더욱 자세하다고 생각하면서 다시 문제를 내어 질문했다.

"너희 집은 부잣집이니 남에게 준 빚 가운데 액수가 가장 큰 것을 말해 보라."고 했다. 원고인 노지장자는 "갑에게 3천 오 백 냥, 을에게 2천 백 냥, 정에게 6백 7십 냥입니다." 하고 말했으며, 피고인 제석노지는 "갑에게는 3천 2백 냥이고 을과 정에게는 원고가 말한 것과 같습니다." 라고 진술했다.

이에 원님은 "어째서 갑의 돈은 차이가 있는가?" 하고 묻자, 갑은 지난 달 보름날에 3백냥을 갚아 왔다는 것이었다. 원님은 이번에도 피고의 진술이 더욱 정확하고 자세함을 확인했다.

원님은 다시 자기 아내의 방에 있는 의장 등의 집물을 말해 보도록 했다. 원고가 먼저 말을 하는데 "방 옷간으로 3층 장이 놓여 있고 그 옆에는 옷장 또 그 옆에는 화장대가 있는데 그 위에 누렇고

퍼런 이불 대여섯 채가 쌓여 있습니다." 하였고, 피고는 "다른 것은 원고와 같은데, 이불은 모두 일곱 채이고 아내는 항상 녹색 이불을 맨 위에 얹어서 치장합니다."라고 했다. 원님은 아내에게 물어 보았지만 피고의 말이 더욱 잘 맞는다는 것이었다.

원님은 원고에게 "끝으로 할 말이 없느냐?"고 물었다. 노지장자는 자기의 어깨에는 검은 점이 세 개가 있어서 식구들이 다 알고 있으니 한번 시험하자 하여, 웃옷을 벗겨 보았으나 다 같은 점이 있었다. 피고는 첫날 밤에 겪은 남다른 일이 있어서 내외만이 안다고 했다. 그 내용은 첫날 밤에 신부가 설사가 심하여 옷을 많이 입고 변소에 갈 사이도 없고하여 쩔쩔 매는 것을 신랑이 알아차리고 요강을 내어 주어 거기에 뒤를 보게 한 뒤 자신이 남몰래 요강을 버린 일이므로 지금도 그 이야기를 하면 아내가 얼굴을 붉히고 어쩔 줄 모른다는 것이었다. 아내에게 물어 보았지만, 피고의 말 그대로였고 원고도 그 이상 다시 더 할 말이 없다는 것이었다.

이렇게 해서 원님은 피고의 말이 한층 더 신임이 있다고 판단하여 원고인 노지장자를 엄중한 매로 다스려 관문 밖으로 내쫓았다. 쫓겨나온 노지장자는 갈 데도 없고 분한 생각으로 꽉 차서 집이나 한번 더 가보겠다는 마음으로 집을 향해 걸어가면서 자기의 과거의 간탐심을 크게 후회했다. 그는 눈물을 흘리며 자기 집 대문 고리를 잡고 흐느끼면서 참회하고 뉘우치며 말했다.

"저는 그동안 살면서 간탐 부리고 포악했으며 아내를 학대하고 종들에게 매질하며 이웃을 사랑하지 못한 죄로 천벌을 받게 되었습니다. 한번만 용서를 해주신다면 이제는 어질게 살겠습니다."

그 광경을 본 제석노지가 아내에게 공청으로 말하되

"저 대문 밖에서 울고 있는 자는 너의 진짜 남편이니 어서 나가서 맞아드려라. 노지장자는 이제 새사람이 되었느니라."

라고 하였다. 부처님께서도 이 일을 아시고 빙그레 웃으시며 위없는 미묘법문을 설하시어 노지장자의 간탐심을 바꾸어 보리심을 일으키도록 하셨던 것이다.

흐르는 물은 항상 가득하지 않고
해는 떴다가 서산에 지고 보름달도 찼다가 기우나니,
부귀하고 영화로운 삶 덧없음 보다 못하구나,
오직 부지런히 참회하고 정진할 때만이
생사 없고 병고 없는 저 열반에 도달하리라.

생활 속의 참회법

참회(懺悔)는 지난 날의 잘못을 뉘우치는 동시에, 앞으로는 잘못을 짓지 않겠다는 맹세의 뜻이 담겨 있기에, 참회를 하면 자연스럽게 지난 날의 허물을 녹임과 동시에 바르고 향상된 삶의 길로 나아갈 수 있게 된다.

그리고 참회는 가끔 할 것이 아니라 항상 해야 한다. 그러면 일상생활 속에서 어떻게 참회할 것인가? 매일 108배를 올리며 참회를 하는 것이다. 이것이 힘들면 3배라도 꼭 올리며 참회하는 것이다. 그리고 한 배 한 배 절을 올릴 때 마다 속으로 말하라.

"잘못했습니다. 알게 모르게 지은 죄업 모두 참회합니다."

우리가 참회를 하는 까닭은 마음의 보자기를 넓혀 행복하게 살고자 함이다. 잠깐이라도 참회를 하는 삶과 참회 없이 살아가는 삶은 결과적으로 엄청난 차이를 보인다.

꾸준히 참회의 절을 하다 보면, 어느 날 문득 많이도 바뀌어 있는 자신을 발견하게 된다. 실로 참회의 공덕은 수승하기 그지 없다.

수십년 전 내가 해남 대흥사에 있을 때 서울 대학교 총장이신 서돈각 박사 내외분이 법당에서 함께 108참회 하시는 모습을 보니 너무나 아름다워 보였다.

30년 이상을 부인과 같이 108참회를 해오고 있다는 이야기를 듣고 진실한 불자(佛子)임을 확인했다.

시인 고은 선생은 지금도 매일 160배씩 참회를 하면서 건강을 유지한다고 하니 불자님들도 108참회를 생활화 하여 지은 죄업을 참회하고 그 원력으로 행복한 삶을 살아가기 바란다.

절을 하고 참회를 함에 있어 하나의 기준이 있다. 그 기준은 '인격의 변화'이다. 절과 참회를 하면서 내가 달라졌는가 그대로 인가를 때때로 점검해야 한다. 자신을 변화시키지 못하는 참회라면 방법이 잘못되지 않았나를 점검해 보아야 하고, 정성을 더 기울여야 한다.

업보에 매여 사는 인생살이, 마음의 상처를 안고 사는 우리네 인생살이에 '참회의 약'이 없다면 이 애끓는 상처로부터 벗어날 자,

그 누구이겠는가. 부디 참회의 묘약을 통하여 평화롭고 사랑이 넘치는 삶을 영위하시기를 축원드린다.

보살계 심지법문과 10중대계

주먹만한 돌도 물 위에 던지면 그냥 가라앉지만,
무거운 돌도 배에 실으면 가라앉지 않는다.
불·보살님과 같은 대성인에 의지해 기도하는 것은
기차나 비행기, 배를 타고 고통의 바다를 건너
해탈의 세계로 건너가는 것과 같다.

#3 보살계 심지법문과 10중대계

보살계 심지법문과
10중대계의 실천

보살계는 청하기도 어렵고 설하기도 어려운 불사 중의 불사이자 뜻깊은 인연이다.

인간은 100년도 못 채우고 살면서 철없는 시절을 보내고 만다. 병들거나 잠자거나 걱정 근심하고 번뇌망상하는 시간을 제하고 나면 떳떳하고 보람있게 산 시간이 과연 얼마나 남겠는가? 그래서 보살계 법문을 듣고 보살계를 받는 시간은 참으로 귀한 인연이 아닐 수 없다.

그렇다면 보살계란 무엇일까? 과거의 모든 불·보살들은 어떻게 해서 거룩한 불·보살이 되었을까? 그것은 바로 보살계 법문 그대로 수행해서 그렇게 된 것이다. 보살계는 보살의 수행법을 안내한 가르침이라 해도 과언이 아닌 것이다. 따라서 대승을 공부하는 불자들은 반드시 보살계를 받아야 한다. 아직 젊고 죄짓는 것이 두려워 지금 계를 받지 않고 나중에 죄를 덜 짓게 될 때 보살계를 받겠다고 하는 것은 잘못된 생각이다.

좌수입파坐受立破 즉, 앉아서 계를 받고 서자마자 파계하더라도 인천의 복을 받는 것이 보살계라 했다. 배워서 이루지 못하고 실천하지 못한다 하더라도 성불의 종자를 심는 거룩한 인연인 것이다.

방에 뜨거운 불덩어리가 있을 때, 아는 사람은 문부터 열고 순식간에 던지면 손을 덜 다친다. 살아가야 할 길을 확실히 알고 살아야 죄를 덜 짓고 살게 되는 것이다. '둥글고 밝은 마음거울[大圓鏡智]'은 있는 그대로의 사물을 모조리 비춘다. 못 생기고 잘 생긴 것을 차별해서 비추는 것은 좋은 거울이 아닌 것이다. 있는 그대로의 실상을 여실하게 비춰주는 것이 마음거울인 것이다. 이와 같이 우주의 진리를 남김없이 밝힌 팔만 대장경을 축소한 것이 바로 보살계 법문인 『범망경梵網經』이다.

'범망梵網'이란 하늘의 그물을 뜻한다. 대범천왕이 인간의 죄와 복을 모조리 알아서 인과응보로 다스린다는 것이다. 인간의 잘잘못은 우산 같은 인드라망의 그물에 비춰보면 낱낱이 볼 수 있는데 마치 레이다와 같이 인간의 죄악을 남김없이 파악하고 있는 것과 같다. 인드라망의 그물은 촘촘히 엮여진 그물로서 크고 작은 고기를 모두 잡을 수 있다. 『범망경』은 인간의 선악, 죄와 복을 낱낱이 수록하여 좋고 나쁜 대소 공덕을 실천해 인생의 해답을 명쾌하게 제시하고 있다.

보살계를 받는 사람은 60년 간 지은 죄라도 받는 순간, 사라진다.

백겁적집죄百劫積集罪 일념돈탕진一念頓蕩盡
여화분고초如火焚枯草 멸진무유여滅盡無有餘

백겁 천겁 쌓인 죄업 한 생각에 없어져서
마른 풀을 불태우듯 흔적조차 없어지네.

백겁 동안 신구의로 지은 죄가 마치 산더미 처럼 쌓인 마른 풀을 태우듯이 일 순간에 태워버린다는 것이다. 눈으로는 볼 수 없지만 수없이 지은 죄와 업장을 보살계를 받는 순간 사라지게 한다는 것이다.

승단의 화합을 깨뜨리고, 부모를 죽이고, 성인을 살해하고, 부처님 몸에 피를 내고, 스님을 파계시키고, 깨닫지 못하고서 도인 행세를 하는 큰 죄는 죽어서 지옥에 갈 수 밖에 없지만, 보살계를 받은 사람은 지옥에 가더라도 지옥에서 옥주獄主가 된다고 했다. 그리고 보살계를 받은 사람은 축생이 되더라도 코끼리, 사자, 호랑이 등 짐승의 왕이 된다고 했다. 보살계를 받은 사람은 인간으로 다시 태어나면 국왕, 대신이 되거나 인물이 좋고 몸이 건강하게 태어난다. 하늘 세계에 태어나면 천왕이 되고, 귀신 세계에 태어나면 귀왕鬼王이 된다.

만약, 오늘 보살계를 받는다면 지옥에 가더라도 두려워할 것이 없다.

염라대왕이 "너는 세상에서 뭘 했어?" 하고 물으면, 사람들은 "시집, 장가 가서 아들 딸 낳고 살았습니다." 하고 말할 것이다.

그러면 염라대왕은 "그건 짐승들도 하는 거야!" 이렇게 호통을 칠 것이다.

그럴 때 방법이 있으니, 이렇게 말하면 된다.

"언제 어느 절에서 보살계를 받은 적이 있습니다."

"아, 보살계라. 그걸 받았단 말인가?"

염라대왕이 보살계첩 증명을 보자 마자, 버선발로 내려와서 절을 하며 말할 것이다.

"아, 참 거룩하십니다. 보살계를 받았으니 저보다 급수가 높으십니다. 장차 불·보살님이 될 터이니 도를 깨치면 저도 좀 봐주십시오."

옛날, 임금의 아들로 태어나면 나이가 어려도 신하들이 함부로 못 하는 것과 같이, 보살계를 받으면 부처님의 정식 아들, 딸이 되기 때문에 염라대왕도 함부로 하지 못하는 것이다. 임신이 되어야 옥동자가 탄생되듯이, 보살계를 받는 것은 부처 씨앗을 심는 거룩한 일이다. 보살계를 받는 날은 부처님이 될 것이라는 수기 즉, 약속을 받는 날인 것이다.

연등불이 석가모니불에게 "너는 장차 석가모니불이란 이름으로 중생을 구제할 것이다." 하고 수기를 주듯이, 석가모니불은 미륵불에게 "너는 장차 56억 7천만년 뒤에 미륵부처님으로 탄생하여 석가모니불 이후의 중생을 구제할 것이다."라고 수기를 주는 것이다.

그런데, 좋은 음식을 받으려면 그릇을 깨끗이 비워둬야 한다. 신·구·의 3업으로 지은 죄를 깨끗이 참회해야만 보살계 법문을 받을 수 있는 것이다.

불자여 합장하고 지극한 마음으로 들으라.
내가 부처님의 보살계 서문을 설하고자 하노니
대중은 묵연히 듣고, 죄가 있거든 참회하라.
참회하면 안락하고 참회하지 아니하면 죄가 더욱 깊어지리라.
죄가 없는 자는 침묵하라.
침묵한 까닭에 대중이 청정한줄 알리라.

　죄 지은 사람은 덮어두지 말고 참회의 한 생각으로 죄의 뿌리를 비워버리고 새 모습, 새 마음으로 공덕과 지혜가 싹트는 순간이다. 아무리 중한 죄인이라도 진실로 참회하면 용서받는 것이 불교이다.
　가정에서 싸움이 일어났을 때 잘잘못을 따지기에 앞서 누가 먼저 참회해야 하겠는가?
　내가 "잘못했습니다." 하고 먼저 참회함으로써 상대방의 마음이 움직이게 된다. 참회는 위대한 힘이 있기 때문이다.
　내가 아는 불자님 가운데, 살인죄를 짓고 교도소에서 10년 동안 복역 중인 분이 있었는데, 감옥에서『부모은중경』법문과 인과설화를 듣고 마음을 돌렸다. 그는 세상에 태어나 사람까지 죽이고 불효했으며, 10년 동안 감옥 안에 살면서 사람을 저주하고 원망하며 살았는데, 이제는 과거를 청산하고 새 삶을 살아야겠다고 발원하고 이런 참회문을 지은 적이 있다.

(1) 일 세상에 나와서   (2) 감옥이라는 이 세상에 들어오니
(3) 30 청년 젊은 몸이   (4) 춘하추동 4 시절에
(5) 오곡잡곡 먹자하니   (6) 육백 간장 다 녹는구나
(7) 칠평 병풍 새마루에   (8) 팔을 베고 누웠으니
(9) 굽이굽이 눈물이요   (10) 십년을 살자 하니
(100) 백년보다 아득하구나   (1,000) 천치 같이 지은 죄를
(10,000) 만년 간들 잊을 손가.

이 재소자 불자는 교도소장의 보증 아래 출옥하여 열심히 참회의 삶을 살고 있다. 보살계를 받고 대학을 졸업한 후 작은 중소기업의 사장이 되어 돈을 벌었으며 결혼도 하여 사회의 지성인으로 살고 있다. 신행생활 틈틈이 재소자들을 상대로 설법을 하며 재소자 교화에도 열심인 분이다.

어제까지 악인이었다 하더라도 마음과 행동으로 고치고 조심하

면 선인이 될 수 있다. 지난 날 어떻게 살았든지, 보살계를 받는 그 순간 새 마음, 새 행동으로 고쳐나가면 보살계를 받는 공덕이 있는 것이다.

　불자여, 부처님께서 멸도하신 후 말법末法시대에 반드시 해탈 보호하는 법인 보살계를 존중할 지니라. 보살계를 지니는 자는 가난한 이가 보배를 얻은 것과 같으며 감옥의 죄수가 특사를 받은 것과 같음이니 마땅히 알라. 보살계는 불자들의 큰 스승이니라. 만약 부처님께서 계실지라도 보살계와 다를 것이 없느니라. 죄를 두렵게 여겨 착한 마음 일으키기 어려운 까닭으로 부처님께서는 "적은 죄를 가볍게 여겨 재앙이 없다 하지 말라. 작은 물방울이 점점 큰 그릇에 찬다." 하시니라.
　순간에 지은 죄로 무간지옥에 떨어져 백천 겁토록 나오지 못함이라. 젊음은 달리는 말처럼 잠깐 사이에 지나가고, 사람의 목숨이 무상함은 흐르는 물과 같음이로다. 비록 오늘은 살아 있으나 내일은 보장할 수 없음이니 일심으로 정진하여 방일하지 말라. 밤낮으로 보살계를 의지하고 여법하게 수행하기를 힘쓸지니라.

인생은 무상한 것이다. 내일 일은 아무도 모른다. 주변 사람이 죽는 일이 결코 남의 일이 아니다.

어느 날 건강하던 분이 입과 코 등에 호수 4개를 꽂고 생명을 연장하는 모습을 보면 기가 막힌다. 대·소변을 받아내고 물 한 방울 못 삼키는 분을 보면 인생이란 참으로 무상하고 숨이 넘어가면 나무토막과도 같은 것이 사람임을 느끼게 된다. 차라리 나무라면 잎과 꽃이 져도 내년에는 다시 새 순이 돋아 또 다시 피고 지건만 사람의 육신은 땅에 묻히고 나면 끝이니 더욱 처량한 것이 인생이다.

얼마 전 아는 분이 제주도에서 할머니가 돌아가셔서 장례식을 치루러 왔다가 당신마저 돌아가신 일이 있다. 할머니는 5일장인데 당신은 3일장을 치뤘으니 다른 분을 영결하려다 자기가 먼저 무덤에 들어간 어처구니 없는 일이 벌어지고 만 것이다. 어느 구름속에서 비가 떨어질지 모르듯이 인생이란 그 누구도 예측이 어려운 것이다.

그러니 언제든 인간성을 회복하는 마음자세를 갖추고 있어야 한다. 보살계 법문을 명심해서 듣고 살아 생전에 잘 사는 것이 죽음을 착실히 준비하는 셈이다. 학생이 노트 정리를 잘 해서 선생님께 높은 점수를 받으려면 평소에 노트를 깨끗이 정리해 둬야 하는 것처럼 하루하루를 어떻게 사느냐가 참으로 중요한 것이다.

그래서 원효 대사는 『발심수행장』에서 이렇게 당부한 것이다.

"하루하루 지내면서 날로 악업 쌓아가고 내일내일 미루면서 착한 일은 하지 않네. 금년 일년 또 일년이 번뇌 속에 한량 없고 내년으로 미루지만 열심히 정진 못하누나. 시간이 흘러흘러 하루 급히 지나가고, 나날이 흘러흘러 보름 한 달 속히 되며, 한 달 한 달 계속되어 홀연 일년 지나가고, 한 해 두 해 거듭하여 문득 죽음 이르도다. 깨진 수레 굴러갈까 늙은 몸이 닦을건가, 게으름만 부릴지며 망상만이 가득하네. 얼마나 살겠기에 낮과 밤을 헛보내며, 살 날이 얼마건대 이 생마저 닦지 않나. 헛된 이 몸 마친 뒤에 다음 생을 어이할까. 생각하면 급하구나, 급하고도 급하구나."

살생하지 말고 살려주라

이제까지는 보살계의 서론격이었으니, 여기서부터는 정식으로 『불설 범망경 보살심지계품佛說梵網經菩薩心地戒品』의 10중대계十重大戒로 들어가겠다.

너희 불자들이여, 스스로 죽이거나, 남을 시켜 죽이거나, 방편을 써서 죽이거나, 찬탄하여 죽게 하거나, 죽이는 것을 보고 기뻐하거나, 주문으로 죽이는 그 모든 짓을 하지 말지니, 죽이는 인因이나 죽이는 연緣이나, 죽이는 법法이나, 죽이는 업業을 지으리요. 일체 생명이 있는 것을 짐짓 죽이지 말아야 하느니라. 보살은 응당 상주하는 자비심과 효순심孝順心을 내어 방편으로 일체 중생을 구원해야 할 것이거늘, 도리어 방자한 마음과 흔쾌한 뜻으로 살생하는 자는 보살의 바라이죄波羅夷罪이니라.

보살계 10중대계의 첫 번째는 '살생을 하지 말고 살려주라.'는 살계(殺戒)이다. 내 목숨이 귀하면 남의 목숨 역시 소중하니 대자대비를 행하라는 것이다. 불교에서는 예로부터 전쟁이란 있을 수 없다. 때리면 맞고, 살해하면 순순히 죽기까지 했다. 원수는 끝없는 복수를 낳는다는 것을 알기에 무저항정신으로 평화를 지킨 예가 많다. 부처님 재세시, 장수왕이 바로 그런 분이었다.

원수를 용서한 장수왕과 장생 태자

옛날 가시국의 범마달(부라트마타) 왕과 코사라국 장수왕의 인연이다. 한번은 범마달왕이 군사를 일으켜 코사라국을 쳐들어갔다. 전쟁의 결과는 범마달왕이 크게 패하여 장수왕의 포로가 되었다. 그러나 장수왕은 범마달을 타일러 살려 보내 주었다.

얼마간은 평화가 계속되는 듯했다. 그러나 범마달은 또다시 코사라국을 침공했다. 장수왕은 저번의 전쟁에서도 많은 백성이 상했던 일을 생각하며 결코 쉬이 끝날 수 없는 살상의 소용돌이임을 가슴아파했다. 왕은 적은 군사만으로 성 밖으로 나가 싸웠고 패했다. 그리하여 왕은 왕비와 함께 깊은 산속으로 몸을 숨겼다. 그러나 살아갈 길이 막연한지라 노래와 시와 악기를 익혀 떠돌이 부부 악사가 되었다. 한편 왕비는 유랑 생활을 하다가 어느 대신의 집에서 아들을 낳았다.

세월이 흘러 범마달왕은 장수왕의 행각을 알고 그를 잡아 감옥에 투옥시켰다. 한편 그의 아들 장생은 자라나 무술을 열심히 연마하고 음식 만드는 법을 배워 요리사가 되어 복수를 위한 힘을 규합해 갔다. 이 사실은 소문이 되어 범마달왕에게 전해졌다. 그는 대노하여 장수왕을 참형에 처하려고 거리로 끌고 나갔다. 이때 장수왕은 남모르게 접근한 장생 태자와 눈이 마주치게 되었다.

"부왕마마, 지금이 기회이옵니다. 제가 구출하겠사옵니다."

그러자 부왕은 형장에 모인 사람들을 향해 노래를 불렀다.

"동자야, 그만 두어라. 동자야 그만두어! 오로지 신의信義만을 따라 행하라. 악한 일도 보지 말고 착한 일도 보지 말라. 나를 따르던 모든 신하와 백성들은 부라트마타왕을 잘 받들어 섬겨라. 그리고 나의 아들 장생태자는 부라트마타왕을 친형님으로 모시고 살아야 할 것이다.

원수는 원수를 부르고, 피는 피를 부른다. 남을 원망하고 미워하는 한 그 원한은 끝날 날이 없는 것이니 미워하고 원망하는 그 마음을 용서하고 사랑하는 마음으로 바꿀 때만이 원수는 없어지느니라. 내 마음에는 이미 분하고 미워하는 마음 없나니 나에게 충성한다고 해서 보복하려는 생각하지 말라."

사정을 알 바 없는 군중들은 장수왕이 죽게 되어 미친 것이라고 수근거렸다. 그때 장수왕이 또 노래를 했다.

"지혜스러운 자여, 동자여! 내 말뜻을 잘 알아라. 예전에 일러준 말들도, 내 말대로 행하라. 지혜로운 자여!"

마침내 장수왕은 참형을 당하고 그의 육신은 일곱 동강이 나서 흩어졌다. 장생 태자는 피가 끓고 분노로 몸을 떨었으나 용케도 참고 견뎠다. 그리고 몰래 장자들에게 간청하여 시신을 수습하고 탑을 세워 장사하고 꽃과 향수로 공양했다. 그리고는 어머니를 모시고 멀리 나라 밖으로 옮겨가서 살았다. 그리고 옛날의 아버지처럼 노래와 시와 악기를 익혀 여러 나라를 떠도는 유랑악사가 되었다. 몇 년의 세월이 흘러 유명해지기도 했고 고향이 그립기도 하여 고국을 찾아왔다.

범마달왕도 그들의 명성을 들은지라 불러들여 공연을 즐기며 밤낮으로 싫증 낼 줄을 몰랐다. 그 사이 왕과 장생 태자는 허물없이 가까워져 믿는 사이가 되었다. 그러던 어느 날 사냥을 가게 되었다.

태자는 범마달왕의 수레를 함께 타고 깊은 산, 험한 계곡을 헤매다가 지쳐버렸다. 왕은 수레를 세워 쉬자고 했다. 그리고 그는 태자의 무릎을 베고 곤히 잠들었다.

태자는 생각했다. '복수의 기회가 이리도 쉽게 오다니' 하고 생각하며 칼을 뽑아 왕의 목을 겨누었다.

그때 문득 아버지 장수왕의 얼굴이 보였다.

"장생아, 신의가 귀한 줄을 알아야 한다. 유훈을 어김은 가장 큰 불효니라."

그리고 또 이런 말도 들려왔다.

"악한 일도 보지 말고 착한 일도 보지 말라. 설사 네가 왕을 죽여 복수를 해도 복수에 복수는 끝이 없으리라."

그는 멍한 표정으로 칼을 거두어 넣었다. 금방 이글거리던 분노도 흔적 없이 사라졌다.

그때 범마달왕이 꿈에서 홀연히 깨어나니 온몸은 땀으로 홍건하고 몰골이 송연했다.

장생이 왕에게 말했다.

"잘 주무시다가 어찌 이리도 놀라시나이까?"

"괴이한 꿈이야. 내 잠을 자다가 장수왕의 아들 장생 태자를 만났어. 오른 손엔 칼을 움켜 잡고 왼손으로는 내 머리채를 낚아채고 있었지. 칼끝으로 내 목을 겨누며, '내 원수를 갚으려는 줄 아는가?'라기에 크게 뉘우치고 떨고 있는데, 태자가 또 말했지. '옛적에 부왕께서 임종시에 원수를 이기려거든 마땅히 인내로써 이겨야 하느니라고 말했다.'는 거야. 그래서 꿈속에서 놀라 깨었지."

장생이 다시 말했다.

"놀라지 마소서. 대왕은 그 꿈을 알고 싶을 것이옵니다. 제가 바로 장수왕의 아들 장생 태자지요. 옛적에 부왕은 정법으로 나라를 다스려 백성조차 속이는 일이 없었소만 대왕은 포악하여 살려준 신의를 저버리고 나라를 뺏고 백성을 약탈하고 부왕마저 죽였소. 이 심산계곡에서 해묵은 원한을 갚으려 했으나 부왕의 간곡하신 말씀을 어길 수 없어 내 칼을 거두었소. 자 이젠 돌아갑시다. 돌아가서 나의 죄나 논하도록 하오."

그리하여 환궁한 범마달왕은 장생 태자에게 왕관을 씌어주고 코사라국을 돌려주었다. 이 두 나라는 이 일이 있은 후부터 오랫동안 형제와 같이 지내며 두 나라는 태평성세를 이루었다.

장수왕은 석가모니 부처님의 전생이며, 장생태자는 지금의 아난阿難, 범마달왕은 데바닷타이다.

장수왕의 "악한 일도 보지 말고 착한 일도 보지 말라. 설사 네가 왕을 죽여 복수를 해도 복수의 복수는 끝이 없으리라." 하는 유훈이 바로 보살계의 불살생 정신과 같다. 세상의 정치인들이 모두 장수왕과 같다면 항상 평화로울텐데 말이다.

남을 미워하고 원망하면 서로가 나쁜 인연이 되어 세세생생 원수가 반복되나니 미워하고 원망하는 마음을 돌려 용서하고 사랑하는 마음으로 살아가야 할 것이다.

적은 죄를 가볍게 여겨 재앙이 없다 하지 말라.

작은 물방울이 점점 큰 그릇에 찬다.

훔치지 말라

보살계 10중대계의 두 번째는 '훔치지 말라.'는 도계[盜戒] 법문이다.

너희 불자가 스스로 훔치거나 남을 시켜서 훔치거나 방편을 써서 훔치거나 주문으로 훔쳐서, 훔치는 인[盜因]과 훔치는 연[盜緣]과 훔치는 법[盜法]과 훔치는 업[盜業]을 지으랴. 내지 귀신의 것이거나 주인 있는 것이거나 도둑이 훔친 것이거나, 일체의 재물을 바늘 하나 풀 한 포기라도 짐짓 훔치지 말지어다. 보살은 마땅히 불성에 효순하는 마음과 자비심을 내어 항상 모든 사람을 도와 복이 되고 즐거움이 되게 해야 할 것이거늘, 도리어 남의 재물을 훔치는 것은 보살의 바라이죄이니라.

평생 도둑질을 안 한 사람은 드물 것이다. 예를 들어, 남편의 월

급을 타서 살림을 잘 하지 않고 춤바람이 나서 빈둥빈둥 노는 것도 일종의 도둑질과 같다. 훔칠 생각만 한 것도 도둑질이다. 요즘 사람들은 재판에 이기기 위해 거짓 증인을 세워서 남의 땅을 뺏기도 한다. 이 모든 것들이 도둑질인데, 남의 물건을 훔쳤다면 반드시 그것을 되돌려 주게 되어 있다.

 도둑질을 하게끔 만드는 투도심은 탐욕심에 바탕을 둔 것으로, 탐욕의 극치인 투도偸盜는 우리의 불성 속에 깃들어 있는 효순심과 자비심을 외면하는, 죄악 가운데 근본이 되는 행위인 것이다. 살생이나 망어 등의 죄업 또한 그 근원을 추구해보면 결국 탐욕을 바탕으로 삼고 있다. 결국 투도를 중요한 계목戒目으로 정하게 된 까닭도 도둑질이 탐욕심을 더욱 조장하는 죄악이기 때문이다. 나아가 탐욕으로 지은 죄업에는 반드시 무서운 과보가 따르기 마련이다. 이제 도둑질 하고 사기 쳐서 남의 재산을 빼앗는 투도의 업이 얼마나 무서운가를 깨우쳐 주는 한 편의 이야기를 살펴보도록 하겠다.

친구의 재산을 뺏고 소가 된 왕중주

 6.25 한국전쟁 직후의 일이다. 금강산에 계시던 혜명慧明 스님이

부산으로 피난을 오셨다. 이 스님은 경전에도 밝을 뿐 아니라 각종 의식이나 범패도 잘하셨다. 그래서 흔히 '팔방미인 큰스님'으로 불리었던 분이다.

스님은 한 때 중국의 불교성지를 두루 참배하고 명승지를 구경했다. 한번은 중국 상해의 큰 공원을 들렀더니 공원 한쪽 편에 까만 소 한 마리가 있고 사람들이 신기한 듯이 쳐다보고 있었다. 스님도 이상한 호기심이 생겨 소 앞에 세워 놓은 게시판을 자세히 보게 되었는데, 그 간판에 적힌 글이 더욱 신기하더라는 것이다.

"지나가는 남녀노소 여러분들이여, 이 소의 배를 보시오······."
하고 장광설長廣舌을 늘어놓았는데 그 내용은 이러했다.

상해 근처에 큰 부자가 한 사람 있었다. 그 사람은 어떤 이유 때문에 죽마고우竹馬故友인 왕중주王中主에게 자신의 재산을 관리해 주도록 부탁하고 상당한 대우를 해 주었다.

그리고 왕중주에게 등기서류 뿐만 아니라 인감도장까지를 모두 맡겼다. 그런데 왕중주가 친구의 은혜로운 부탁을 등지고 합법적으로 모든 재산을 가로채었다. 하늘처럼 믿었던 친구가 자기 재산을 교묘하게 사취私取한 것을 알게 된 부자는 분한 마음을 이길 수 없었지만 어찌할 도리가 없었다.

재산을 다 빼앗기고 거지가 되다시피 한 그는 조금 남은 패물을 팔아 시골에 내려가서 농사를 짓게 되었고, 논과 밭을 갈 암소를 한 마리 사서 길렀다. 몇 해가 지나자 암소가 새끼를 낳았는데, 그 새끼 배에 글씨가 몇 자 새겨진 흔적이 있었다.

자세히 보니 자기를 배신했던 철천지 원수 왕중주의 이름 석 자가 아닌가! 이상한 생각이 들어 알아본 결과, 왕중주가 얼마 전에 죽었다는 사실을 알게 되었다. 원한으로 가득 차 있던 그는 생각했다.

'그 원수가 죄값을 하려고 내 집에 태어난 것이구나……. 이놈! 잘 만났다. 사람이 죽으려면 3년 전부터 환장한다는 말은 있다만, 너처럼 환장한 놈은 일찍이 보지 못하였다. 네가 죽어 이제 빚을 갚으러 온 모양이다만, 송아지로 내 집에 태어난 것만으로 나의 분하고 원통한 빚을 다 갚는다고 생각하면 큰 잘못이다. 이제부터 네놈에게 원수를 갚을 터이니 견뎌 보아라.' 이렇게 다짐을 한 그는 아주 모질고 기이한 방법을 생각해 냈다.

그는 왕중주의 후신인 송아지를 가두어 놓고 끼니 때마다 먹을 것을 주었다.

그러나 밤중이 되면 촛불을 밝혀 놓고 시퍼렇게 간 칼을 들고 우리 안으로 들어가는 것이었다.

그리고 매여 있는 송아지 목에 큰 칼을 들이대고는 살기를 띤 음성으로 속삭였다.

"네 이놈! 왕중주, 이 나쁜 놈! 사람의 탈을 쓰고 어찌 그런 짓을 할 수 있었더냐? 네 놈이 이리와 같은 놈이었으니 그런 짓을 했겠지. 이놈아! 지금 당장은 내 너를 죽이지 않는다. 조금 더 키워서 잡되 그것도 단번에 죽이지 않을 것이다. 네 놈이 보는 앞에서 숯불을 피우고 시퍼렇게 칼을 갈아 하루에 살 한 점씩만 베어낸 다음, 네놈이 보는 앞에서 구워 술안주로 삼을 것이다. 네 이놈! 단단히 들어두어라."

그는 이 일을 매일같이 계속했다. 그러자 왕중주의 이름이 새겨진 송아지는 비쩍 마르기만 할 뿐 자라지도 못하는 것이었다. 이렇게 한동안을 지내고 있는데, 하루는 왕중주 아들이 느닷없이 찾아와서 마당 한가운데 넙죽 엎드려 사정을 하는 것이었다.

"어르신네, 제발 널리 용서해 주시옵고, 우리 아버지만 살려 주십시오. 재산을 돌려드림은 물론 영감님 뜻대로 하겠습니다. 부디 아버지만 살려 주십시오."

아들은 수 없이 절을 하면서 간청했다.

"나는 지금 꼭 돈만 가지고 그러는 것이 아니다. 너의 아버지 소행이 너무나 괘씸해서 분함을 참을 수 없어서 그러는 것이다. 그러나저러나 너는 어찌된 일이냐? 어떻게 이 사연을 알게 되었느냐?"

"저희 선친이 어르신네의 은공을 저버리고 사취한 것은 저도 어느 정도 짐작은 했사오나 자세히는 모르고 지냈습니다. 그런데 여러 달 전부터 아버지가 저의 꿈에 자주 나타나시어 그 동안 죄를 자세히 말씀하셨습니다. 그리고 어르신네의 소로 태어나 죄값을 갚으려 하지만, 그 죄가 워낙 크기 때문에 소의 몸을 버리고 나더라도 다시 무서운 지옥으로 떨어져야 한다고 하셨습니다. 뿐만 아니라 지금 당장의 괴로움도 괴로움이거니와 재산을 어서 돌려드려야만 당신의 죄를 벗을 수 있다고 하셨습니다. 선친이 살아생전에 자세한 내용을 말씀하지 않으신 것은 당신의 떳떳하지 못한 행동을 가족들이 아는 것을 부끄러워했기 때문이었고, 저희들이 그 내용을 알면 떳떳한 마음으로 세상을 살 수 없을 것이라는 생각에서였다는 것입니다. 그리고 어르신네께서 계신 이곳을 꿈속에서 일러 주셨습다. 이제 저희가 모든 재산문서를 이렇게 가지고 와서 사죄를 드리오니, 널리 용서하시옵소서. 부디 이것을 거두어 주시고 저희 아버지를 돌려 주시기만 하면, 그 은혜 백 번 죽어도 잊지 않을 것이옵니다."

그는 지극정성으로 간청하는 아들의 효심에 감동하여 재산을 되돌려 받고 송아지를 내어 주었다. 송아지를 내어주면서 말하기를 "송아지를 내어주되 너에게 돌려 줄 수 없고 나에게 바쳐 많은 사람들에게 경각심을 일러주는 교육용으로 쓰도록 해야 할 것이다."라고 하였다. 그래서 왕중주의 아들은 아버지의 후신인 송아지를 데리고 가서 음식도 잘 대접하고 각별히 보살폈다. 그리고 다 자란 다음에는 공원에다 좋은 우리를 지어 놓고 아침 저녁으로 정성껏 여물을 쑤어 대접하면서, 오고 가는 만천하의 사람들이 이 소를 보고 경각심을 일으켜 인과를 믿고 선행을 닦으라는 뜻으로 사연을 쓴 안내판을 만들어 놓았던 것이다.

도둑의 과보가 실로 무섭고 어긋남이 없어서 이 인과를 확실히 아는 사람은 참으로 바르게 살지 않을 수 없다. 설사 부모의 재물, 자식의 재물일지라도 그것을 몰래 썼다면 도둑질에 대한 과보를 받게 되는 것이다. 삼보의 물건이나 부모의 물건을 훔친 죄는 일반인이나 관리의 물건을 훔친 죄보다 오히려 더 무겁다는 사실을 반드시 명심해야 한다. 은혜를 저버리는 것, 그것이 일반적인 투도죄 위에 더 보태어지기 때문이다.

음행하지 말라

보살계 10중대계의 세 번째 계목으로서 출가승에게는 음행을 삼가하라 하시고 재가불자들에게는 사음, 간음을 경계하신 내용의 '음행하지 말라.'는 음계淫戒이다.

너희 불자가 스스로 음행 하거나 사람을 가르쳐서 음행 하거나 내지 일체 여인과 짐짓 음행 하지 말지니, 음행의 인과 음행의 연과 음행의 법과 음행의 업을 지으랴. 내지 축생이나 하늘 및 귀신의 여인이나 비도非道에 음행을 하겠느냐? 보살은 마땅히 효순심을 내어 일체 중생들을 구원하고 제도하여 청정한 법을 일러 주어야 할 것이거늘, 도리어 모든 사람들에게 음욕심을 일으켜 축생이나 모녀·자매·육친을 가리지 아니하고 음행을 하여 자비심이 없는 자는 보살의 바라이죄이니라.

부부는 백년해로 약속을 지키고 서로 만족하며 살아야 한다. 뭇 여자, 뭇 남자들을 상대해 보았자 남는 것은 업밖에 없다. 마치 고삐 없는 소나 말이 남의 콩밭에 들어가서 뜯어먹어 보았자, 남는 것은 똥 아니면 오줌인 것과 같은 이치이다. 그러나 사음의 과보는 그보다 훨씬 심각하다.

얼마 전 시의원이 초등학교 6학년 학생을 강간한 죄로 교도소에 투옥된 일이 있다. 경상도에서는 정부와 짜고 남편에게 술을 먹여 죽이려한 살인미수사건이 벌어지기도 했다. 이런 사음으로 인한 과보와 고통은 비일비재하다. 부디 스스로 무덤을 파지 말고 아내와 남편에 만족하며 살아가야 한다. 백년해로는 모든 친척들이 보는 앞에서 지은 약속으로서 반드시 지켜져야 한다. 부부가 서로 이해하고 양보하면서 아름다운 인생을 가꾸어가야 할 것이다.

어른들이 방탕하고 잘못 살아가면서 자식들이 올바르게 살기를 바라는 것은 이치에 맞지 않는 일이다.

오늘날 비행청소년들이 계속 늘어나고 부모 없이 버려진 아이들이 계속 속출하고 있는 것은 모두가 기성세대인 우리들의 책임이 더 크다고 아니할 수 없을 것이다.

그러기에 서산 대사께서 말씀하시기를

"눈 쌓인 들판을 걸어가는 나그네들이여, 함부로 걸어가지 말라. 오늘 그대의 발자취는 먼 훗날 후인들의 이정표가 되기 때문이다."
라고 하신 것이다.

거짓말 하지 말라

10중대계의 네 번째 계목은 '거짓말 하지 말라.'는 망어계妄語戒이다.

너희 불자들이여, 스스로 거짓말을 하거나 남을 시켜서 거짓말을 하거나 방편으로 거짓말을 하지 말지니, 거짓말 하는 인이나 거짓말 하는 연이나 거짓말 하는 방법이나 거짓말 하는 업을 지으랴. 보지 못한 것을 보았다고 말하거나 본 것을 보지 못했다고 말하며, 몸과 마음으로 거짓말 하지 말지니라. 보살은 항상 바른 말을 하고 바른 소견을 가져야 하며, 또한 일체 중생들에게도 바른 말과 바른 소견을 갖게 해야 할 것이거늘, 도리어 다시 일체 중생들에게 삿된 말과 삿된 소견으로 삿된 업을 일으키게 한다면 이는 보살의 바라이죄이니라.

모든 죄가 말로부터 시작이 되는데, 말조심 하기가 쉬운 일이 아니다. 사람의 몸에는 구멍이 9개가 있는데, 얼굴에만 7개가 있다. 눈 둘, 콧구멍 둘, 귀 둘에 입은 한 개이다. 입은 구멍이 하나인데도 먹고 말하는 두 가지 일을 한다. 이 다재다능한 입을 잘못 놀리면 지옥 갈 확률이 높아진다. 칼이나 독사 보다 입이 무섭다는 말이 바로 그것이다. 칼로 난 상처는 시간이 흐르면 아물지만, 말로 당한 상처는 죽을 때까지 잊혀지지 않는다.

경남 양산의 한 보살님은 약혼하고 결혼하기 며칠 전에 약혼자가 심장마비로 죽는 바람에 평생 홀로 살았다. 혼자 사는 게 외로웠던 그는 생후 4개월된 아기를 11년 동안 입양해 키우는 재미로 살아왔다. 남편과 친 자식을 대신해 정성껏 키워왔던 것이다. 딸도 친엄마로 생각하고 사랑과 은혜 속에 살아왔는데, 불행이 찾아들었다.

평소 관계가 좋지 않던 그녀의 친정 어머니가 손녀에게 "저건 니 엄마가 아니다. 넌 강씨가 아니란 말이다." 이렇게 말을 한 것이다.

이 말을 들은 아이는 엄마에게 친아빠를 찾아달라고 하고, 왜 성을 바꿨느냐며 대들었다. 친정 어머니의 말 한마디로 집안은 삽시간에 쑥대밭이 되고 만 것이다. 이런 상황에 처한 그 보살님은 지금도 어머니를 원망하며 전화도 끊고 친정에도 가지 않고 있다.

　이처럼 말이란 무서운 것이다. 항상 거짓 보다는 진실을, 욕설 보다는 부드럽고 화목한 말을 하라. 중상모략하는 말을 절대로 하지 말고 되도록이면 칭찬하는 말을 해주기 바란다. 이를 테면, 남편이 하루 외박하고 들어오더라도 화를 내지 말고 일단 참고서, "여보, 감사합니다. 하루 만에 들어와줘서……." 라고 한번 말해 보라. 남편이 스스로 뉘우칠 것이다. 보살계를 받으면 마음이 넓고 커져야 한다. 그래서 세상에 용서하지 못할 일이 없어야 하는 것이다.

술을 팔지 말라

10중대계의 다섯 번째, '술을 팔지 말라.'는 고주계酤酒戒이다.

너희 불자들이여, 스스로 술을 팔거나 남을 시켜서 술을 팔거나 술 파는 인과 술 파는 연과 술 파는 법과 술 파는 업을 짓지 말지며, 일체의 술을 팔지 말 것이니, 술은 죄를 일으키는 인연이 되느니라. 보살은 마땅히 일체 중생에게 밝고 통달한 지혜를 내게 해야 할 것이거늘, 도리어 일체 중생들에게 전도된 마음을 내게 하는 것은 보살의 바라이죄이니라.

보살계는 5계의 '불음주계'에서 한 걸음 더 나아가 술을 팔지 말라고 설하고 있다. 부처님은 술로 인한 더 큰 죄업과 불행을 막기 위해 보다 적극적으로 술장사를 금하고 있다. 이는 마치 부모님이 회초리로 종아리를 때리는 심정과 같다. 회초리로 아무데나 때리면 상처가 나지만, 종아리에 때리면 비록 아플지라도 상처는 덧나지 않기 때문이다. 회초리를 들 때 사람 만들려는 자비심이 깃들어 있는 것이다. 술을 혼자 마시면 혼자 죄를 짓지만, 술을 팔면 남까지 죄를 짓게 하기 때문에 술장사의 죄가 더 크다고 보는 것이다. 대승은 나는 해로워도 남을 해롭게 하지 않기 때문이다.

술을 마시면 모두 열 가지의 과보를 받게 된다.

첫째, 얼굴빛이 나빠지고, 둘째, 기운이 없어지며, 셋째, 사물을 제대로 볼 수가 없고, 넷째, 성난 얼굴을 하기 쉽고, 다섯째, 있는 재산과 하던 사업을 그르치게 되며, 여섯째, 질병을 불러일으키고, 일곱째, 싸움과 소송을 좋아하게 되며, 여덟째, 명예는 없어지고 나쁜 이름만 높아지며, 아홉째, 지혜가 없어지며, 열번째, 목숨을 마치고 나면 삼악도에 떨어진다.

또한 술을 많이 마시면 가정을 돌볼 생각이 없어지고 좋은 친구는 멀어지고 나쁜 친구만 모여들며 해서는 안 될 비밀이 누설되고 없던 병이 생기게 된다.

물론 이러한 불음주계를 실천하되, 불교를 믿지 않는 사람에게는 기분이 나쁘지 않게 대응해야 한다. 예를 들어, 남편이 사업상 술을 마시고 늦게 들어 왔을 때 "똥물 보다 더러운 술을 또 퍼먹었구만!" 이렇게 막말을 해서는 안된다. 그 보다는 "여보, 늦게까지 접대하시느라 피곤하시죠. 이제는 나이도 있으니 건강을 생각하셔서 적당히 드세요." 이렇게 좋은 말로 조언하는 것이 좋다.

그리고 음주가 무조건 나쁜 것은 아니다. 어떤 때는 음주를 통해 살생죄와 같은 중죄를 막을 수도 있다. 말리부인의 남편인 파사익왕은 술에 취하면 천하의 호인이 되어 정치를 잘하고 사람들을 대단히 너그럽게 대하다가 만약 술이 깨면 화를 내고 사람을 죽이기를 밥먹듯이 했다. 말리부인은 항상 노심초사 하다가 부처님께 자문을 구한 뒤 늘 독한 술로 파사익왕의 기분이 좋도록 해서 많은 충신들의 목숨을 살릴 수 있었던 것이다. 이처럼, 어느 계율이든 지범개차(持犯開遮) 즉, 계를 받아 이를 잘 지키되, 때로 모든 사람의 이익을 위해 이를 범하는 경우에는 잘 가려서 행해야 할 것이다.

술은 깨달아 아는 힘을 잃게 하며
몸과 마음을 함께 더럽히게 되고
슬기로운 마음을 어지럽게 만들고
부끄러운 언동을 저지르게 하도다.
바른 생각은 잃게 되고 분노심만 드러나니

기쁨은 사라지고 집안은 괴롭도다.
듣기 좋게 술마신다 이름하지만
실상으로 목숨 뺏는 독한 약이어라.

성내지 않아야 할 때 성을 잘 내고
웃지 말아야 할 때 웃으며
울지 말아야 할 때 울고
때리지 않아야 할 사람을 마구 때리네.

말하지 않을 것을 모두 말하며
정신없는 광인과 다름없어서
모든 선근 모든 공덕 빼앗아가니
부끄러움 아는 이는 마시지 않네.

사부대중의 허물을 말하지 말라

10중대계의 여섯 번째는 '사부대중의 허물을 말하지 말라.'는 설사중과계說四衆過戒이다.

너희 불자들이여, 출가한 보살이나 재가의 보살이나 비구나 비구니의 허물을 자기 입으로 말하거나 남을 시켜서 말하게 하지 말지니, 허물을 말하는 인과 허물을 말하는 연과 허물을 말하는 법과 허물을 말하는 업을 짓지 말지니라. 보살은 외도의 악인과 이승의 악인이 불법에 대하여 비법非法과 비율非律이라고 말하더라도 항상 자비심으로 이들을 교화하여 대승에 대한 신심을 내도록 해야 할 것이거늘, 보살이 도리어 불문 안의 허물을 스스로 들추어서 말한다면 이는 보살의 바라이죄이니라.

출·재가를 막론하고 남의 허물을 말하는 사람치고 좋은 사람이 없다. 속담에 "이빨 두 개 빠진 자가 이빨 하나 빠진 사람을 흉본다."는 말이 바로 그것이다. 남의 흉을 보았다 하면 벌써 그 옹졸한 마음이 그 사람 앞에 가 있는 것이다. 남을 비방하는 과보, 특히 성자를 비방하는 과보는 무척이나 무거운데, 빈두루존자와 우전왕의 일화가 이를 증명해 준다.

우전왕은 빈두로존자를 초청해 법문을 듣기 전에 절을 하였는데, 존자는 맞절을 하지 않았다. 수차례 이를 지켜 본 한 신하가 "빈두로존자의 거만한 모습을 그대로 방치하면 임금의 존엄이 떨어진다."며, "다음에 맞절을 하지 않으면 죽여야 한다."고 말했다. 우전왕도 일리가 있다며 그렇게 하라고 허락했다.

그런데 다음 법회 때는 왕이 다가가기 전에 빈두로존자가 여덟 걸음을 걸어와 먼저 인사를 했다. 이를 지켜 본 왕이 의아해서 존자에게 그 까닭을 물었다.

빈두로존자는 이렇게 말했다.

"왕께서 나를 죽이려는 줄을 알고 미리 제가 절을 한 것입니다. 왕이 성인을 죽였다면 지옥의 과보를 받을 것이기에 제가 미리 인사를 한 것입니다. 그러나 왕께서는 성인의 절을 받았기 때문에 복이 줄어들게 되었고 제가 여덟 걸음을 옮겨갔기에 8년 동안 전쟁을 치를 것입니다."하였는데 과연 8년 동안 온 나라에 크고 작은 전쟁과 사고가 많이 발생하였다고 한다.

　이를 보면 복이 많은 정치인이 대통령이 되면 나라가 평안함을 알 수 있다. 정치인들이 폭력과 전쟁을 좋아해서 무기를 개발하기 시작하면 그 과보로 나라가 기울기 시작한다. 그러니 정치인들은 우선적으로 보살계를 받는 것이 좋을 것이다. 보살계를 받아 그 법문을 실천하면 남의 땅을 빼앗으려는 마음도 없거니와 있는 땅을 더욱 잘 활용해서 나라가 부강해질 것이다.

자신을 칭찬하고
남을 비방하지 말라

10중대계의 일곱 번째로서 '자신을 칭찬하고 남을 비방하지 말라.'는 자찬훼타계自讚毁他戒이다.

너희 불자들이여, 자기를 칭찬하고 타인을 비방하거나, 또한 남을 시켜 자기를 칭찬하고 다른 이를 비방하게 하지 말지며, 남을 헐뜯는 인과 남을 헐뜯는 연과 남을 헐뜯는 법과 남을 헐뜯는 업을 짓지 말아야 하느니라. 보살은 마땅히 일체 중생을 대신하여 헐뜯음과 욕됨을 받되 나쁜 일은 자기에게 돌리고 좋은 일은 다른 사람에게 양보해야 할 것이거늘, 도리어 자기의 공덕만을 드러내고 다른 사람의 좋은 일을 숨겨서 다른 이로 하여금 훼방을 받게 하는 것은 보살의 바라이죄이니라.

국회의원, 판사, 검사, 성직자 등 난다 긴다 하는 지성인들도 청문회에만 나오면 모두 남의 잘못만 이야기 하고 자기 자랑만 한다. 이 분들이 이 보살계 법문을 들었다면 그렇게는 못할 것이다. 그래도 간혹 어떤 이는 상관에게 허물을 안 뒤집어 씌우고, "그것은 내가 잘못한 것입니다."라고 한 분도 있는데, 이런 분은 그래도 양심이 있는 분이다.

　이 세상을 살아가는 데는 누구든 말과 마음과 행동으로 여러 업을 짓지 않을 수가 없다. 설령 여럿이 잘못을 저질렀다 해도 내가 손해를 볼 망정 타인에게 책임을 전가하지 않아야 한다. 그러니 내 잘못을 남 탓으로 돌리는 것은 큰 죄업이다. 반대로 남의 잘못을 숨겨주고 나쁜 일은 자기 탓으로 돌리면 큰 공덕이 된다.

　조그마한 일로 자식과 말을 하지 않거나 화를 내는 것은 옳지 않다.

　"자식이 먼저 말을 안 하는데 내가 왜 사과를 해요."

　이렇게 하지 말고, 감싸주고 용서하고 사랑해 주어라. 부인은 남편의 술주정을 보고 욕하고 대들 것이 아니라, '얼마나 힘들었으면 과음을 했을까.' 하며 해장국을 끓여주는 마음을 내어보아라. 보살계를 하나하나 실천하다 보면 내 공부도 되려니와 주변 사람 역시 저절로 변하게 될 것이다.

자기 것을 아끼려고
남을 욕하지 말라

10중대계의 여덟 번째는 '자기 것을 아끼려고 남을 욕하지 말라.'는 간석가훼계慳惜加毁戒이다.

불자들이여, 인색하지 말며, 남을 인색하도록 가르치지도 말지니라. 보살은 일체 가난한 사람이 와서 구걸하거든 그가 요구하는 모든 것을 주어야 할 것이거늘, 보살이 나쁜 마음과 미워하는 마음으로 돈 한 푼, 바늘 하나, 풀 한 포기도 보시해 주지 아니하고, 법을 구하는 이에게 한 구절의 법문과 한마디의 게송偈頌도 일러주지 아니하고, 도리어 나쁜 말로 욕설을 하는 자는 보살의 바라이죄이니라.

보살의 수행에 있어 보시바라밀을 첫 머리에 두는 까닭은 탐욕이 무명의 근본 뿌리가 되기 때문이다. 곧 탐욕을 끊어야만 참된 보시가 이루어지고, 보시를 즐겨 행할 때 탐욕심은 저절로 사라지게 된다는 것이다. 또한 보살의 발심과 수행은 보시로부터 비롯된다. 친소親疎를 가리지 않고 재물과 법을 남김없이 베풀 때 탐욕과 모든 애착이 떨어져서 깨달음의 진리와 계합하게 되는 것이다. 그런데 좋고 나쁜 것을 핑계삼아 베풀지 않고 오히려 남을 해롭게 하여서야 되겠는가? 그리고 진심瞋心은 참으로 무서운 것이며, 본성을 어기는 큰 죄가 된다. 어찌하여 진심이 본성을 어기는 큰 죄가 된다고 하는가? 진심이 일어나면 중생을 자비심으로 거두어들이는 방편을 베풀 수 없게 되기 때문이다. 성내고 분노함으로써 어떤 이득을 취할 수 있는가? 오직 번뇌만을 더욱 기르게 되고, 불쌍히 여기거나 연민 하는 마음을 아주 잃어버리게 되는 것이다.

욕설을 퍼붓는 말은
마치 독 묻은 화살을
상대의 심장에 꽂는 것과 같다.
아무리 힘센 장사라 해도
힘으로는 그 화살 뽑지 못하리.

화내지 말고 참회하면 잘 받아 주라

보살계 10중대계의 아홉 번째인 '화 내지 말고 참회하면 잘 받아 주라.'는 진심불수회계嗔心不受悔戒이다.

너희 불자들이여, 스스로 성을 내거나 남에게 성을 내게 가르쳐서 성내는 인이나 성내는 연이나 성내는 법이나 성내는 업을 짓지 말지니라. 보살은 마땅히 일체 중생에게 착한 마음으로 대하여 다투는 일이 없도록 하며, 항상 자비심과 효순심을 내어야 할 것이거늘, 도리어 일체 중생이나 중생이 아닌 물질에 대해서라도 나쁜 말로 욕설을 하고 폭행을 하거나 칼로 가해하고도 마음속의 성을 풀지 아니하며, 그 사람이 뉘우쳐서 진실로 참회를 구하는 데도 오히려 성난 마음을 풀지 않으면 이는 보살의 바라이죄이니라.

한번 성내는 마음은 소리 안 나는 총이나 칼과 마찬가지이다. 성내는 마음이 일어나면 눈에 보이지 않는 칼이 생기는데, 이것이 스스로 만드는 칼산지옥[刀山地獄]이다. 스스로 칼산지옥을 만들어 고통을 받으니, 원수의 참회를 받아주고 분노를 가라앉힘이 현명할 것이다. 항상 남과 원수를 맺지 말고 은혜 가득한 삶을 살기 바란다.

본래 일체 중생의 본성은 다 거룩하고 청정한 불성 자리이다. 오직 탐심과 진심과 어리석은 마음에 훈습이 되고 미혹되어 불성이 가리워져 있을 뿐이다. 따라서 보살은 중생들의 본성을 깨우쳐 주고 허물을 벗겨 주어서 무한한 생사의 괴로움으로부터 벗어나게 해야 한다.

참회는 허물을 벗는 행위이다. 허물을 벗어버릴 때 본성은 나타나는 것이다. 만일 본성을 찾고자 하는 도반의 참회를 받아 주지 않는다면, 이는 그 사람이 청정 본성의 길로 나아가는 것을 막는 행위이며, 보살이기를 스스로 포기하는 행위이다. 따라서 큰 죄가 된다고 한 것이다.

부처님의 계율사상을 잘 살펴보면 누가 잘못을 범했을 경우 죄의 댓가를 묻고 벌을 주는데 있지 않으며 허물을 뉘우치고 반성해서 좋은 사람 만들어 주기 위하여 계율이 만들어졌음을 알아야 한다. 그러므로 우리들은 다른 사람이 참회를 하면 기꺼이 받아주고 용서를 해야 한다.

삼보를 비방하지 말라

보살계 10중대계의 마지막인 '삼보를 비방하지 말라.'는 방삼보계謗三寶戒이다.

너희 불자들이여, 자신이 삼보를 비방하거나, 남을 시켜 비방하게 하지 말지어다. 보살은 한마디라도 부처님 비방하는 소리를 듣거든, 마치 3백 자루의 창으로 심장을 찌르는 것처럼 여겨야 할 것이거늘, 하물며 자기 입으로 비방하리요. 신심과 효순심을 내지 아니하고, 도리어 악인과 사견인邪見人을 도와서 비방하는 자는 보살의 바라이죄이니라.

삼보를 비방하는 죄는 매우 크다. 그러기에 설사 스님들이 잘못한 일이 있더라도 함부로 비방해서는 안된다. 가사와 법복은 부처님께서 입던 옷이기에 머리를 깎고 승복을 입은 것은 비록 깨닫지 못했더라도 부처님의 모습을 한 것이기에 삼보로서 공경하는 것이다.

출가란 것은 그렇게 쉬운 일이 아니다. 무명초無明草를 자른다는 것은 돈과 남녀관계의 즐거움, 잘 먹고 잘 입는 것, 벼슬과 명예, 편하게 잠자는 것 등 많은 세속적인 욕망을 버려야 가능한 일이기 때문이다. 중생의 이익을 위해 내 모든 것을 바쳐 봉사하고 희생하겠다는 다짐이 곧 출가인 것이다. 스님 중에도 잘못 사는 분들이 있지만 이런 분들은 수 만 명의 스님 가운데 일부에 불과하다. 대부분의 스님들은 오늘도 묵묵히 도를 닦고 보살행을 하며 열심히 출가생활을 하고 있다.

불교는 인과응보의 법칙을 강조한다. 자기가 신·구·의로 지은 죄를 자기가 받는 것이다. 그러니 작은 죄라고 가볍게 여겨서 어기지 말고 늘 선업을 지키는 불자가 되시기 바란다.

무거운 돌이라도 배에 실으면 물 위에 뜨는 것처럼 중생의 업이 많고 죄가 많아도 보살계를 의지하고 수행하면 행복과 보람을 느끼며 살게 될 것이다. 어리석은 이는 죄가 적어도 악도에 떨어지고 지혜로운 이는 죄가 비록 커도 고통에서 벗어나니라.

우리 불자들은 모두 보살계를 받고 보살계의 가르침을 잘 받들어 살아간다면 제불보살님들의 가호가 늘 함께 하여 모든 사람들의 사랑과 존경을 받게 될 것이다.

  부디 부처님의 가르침을 가슴에 담고 계를 지키며 살아가야 할 것이다.

대승보살의 수행

정녕 우리가 해와 달처럼 베풀면
무주상보시의 공덕이 그대로 나의 것이 된다.
불·보살님의 복이 한량 없는 까닭이 무엇이겠는가?
바로 이와 같은 베품 때문이다.
써도 써도 다함이 없는 복덕이 끊임 없이 오는 것,
우리는 해와 달처럼 무주상으로 베풀면
법계에 가득한 행복과 하나가 된다.

#4 대승보살의 수행

해와 달처럼 베풀어라

나는 춘원 이광수 선생의 애인 육바라밀이라는 시를 좋아한다.

임에게는 아까운 것 없이

무엇이나 바치고 싶은 이 마음

거기서 나는 보시_{布施}를 배웠노라.

임께 보이고자 애써

깨끗이 단장하는 이 마음

거기서 나는 지계_{持戒}를 배웠노라.

임이 주시는 것이면

꾸지람도 기쁘게 받는 이 마음

거기서 나는 인욕忍辱을 배웠노라.

자나 깨나 쉴 새 없이 임을
그리워하고 임 곁으로만 도는 이 마음
거기서 나는 정진精進을 배웠노라.

천하 하고많은 사람중에
오직 임만을 사모하는 이 마음
거기서 나는 선정禪定을 배웠노라.

임의 품에 안길 때 기쁨도
슬픔도 나와의 존재도 잊을 때에
거기서 나는 반야般若를 배웠노라.

이제 알았노라.
임은 이 몸께 바라밀을 가르치려고
짐짓 애인의 몸으로 온 '부처' 시라고.

중생은 행복을 원한다. 불행하기 때문에 행복을 원한다. 그리고 중생은 깨달음을 원한다. 미혹하기 때문에 깨달음을 원한다. 그러나 원한다고 하여 행복이나 깨달음이 제 발로 찾아오는 것은 아니다. 행복과 깨달음을 얻을 수 있는 행이 뒤따라야 한다.

그 행이 무엇인가? 베풀고 참으며 일법 法을 수행하는 것이다. 곧 육바라밀 수행법 중의 보시와 인욕과 정진이 그것이다.

행복을 바라는 이가 탐심으로 사는 것은 해와 달을 보고자 하면서 구름을 일으키는 것과 같다. 대승불교의 대표적인 수행법인 육바라밀에서, 보시바라밀을 첫 번째로 둔 까닭은 탐심부터 다스려야 잘 살 수 있음을 깨우쳐 주기 위함이다. 탐심은 지옥, 아귀, 축생의 삼악도를 만드는 주된 원인이 된다. 그러므로 보시를 통하여 탐심을 비우고 인색함을 버려 삼악도의 씨앗을 천상, 인간, 아수라의 삼선도 三善道의 씨앗으로 바꾸라는 것이다.

그러나 '베풀라.'는 말 속에는 이것보다 훨씬 더 큰 가르침이 간직되어 있다. 부처님께서는 왜 베풀라고 하셨는가? 탐심으로 모으고 쌓는 것이 아니라, 자비심으로 베풀고 비워갈 때 대우주의 무한 행복이 나와 함께 하기 때문이다.

남에게 베푸는 방법에는 여러 가지가 있다. 옷이 없는 사람에게는 옷을, 굶주리는 사람에게는 밥을, 잘 곳이 없는 사람에게는 집을 주는 등 물질로 베풀 수도 있고, 가슴 아픈 일이나 어려운 일을 당한 사람에게는 위로의 말과 행동으로 마음을 도닥거려 줄 수도 있다. 그리고 일이 힘겨운 사람에게 잠시 손을 빌려줄 수도 있고, 학문을 배우고자 하는 사람에게 가르침을 펼 수도 있다. 또 인생의 바른 길을 몰라 갈팡질팡하는 이에게 바른 법을 일러주는 법보시도 행복의 문을 여는 큰 공덕이 된다.

그럼 어떤 마음가짐으로 보시해야 한량 없는 복덕을 쌓을 수 있을까?

가장 좋은 방법은 자비의 극치인 사무량심四無量心으로 베푸는 것이다. 왜 무량심이라 하는가? 베풀다가 받는 쪽에서 뭔가 돌아오는 것이 없으면 멈추거나 돌아서는 것이 아니라, 흐르는 물처럼 끝없이 베푸는 마음이기 때문이다.

사무량심은 자비희사慈悲喜捨의 네 가지로 구성되어 있으며, 첫 번째인 자무량심은 자애로운 마음이 한량 없다는 것이다. 보살은 자애로운 마음으로 아는 이와 모르는 이를 가리거나, 가족과 타인, 우리 나라 사람과 다른 나라 사람을 구분짓지 않는다. 동시에 부모가 자식을 사랑하듯 어떠한 대가도 바라지 않는다.

한 인간이 극악한 죄를 지어 사형언도를 받았을 때 사람들은 그를 죽이라고 아우성을 치지만, 죄인의 어머니만큼은 "차라리 나를 대신 죽여달라."고 울부짖는다. 이러한 어머니의 마음, 어머니의 끝없는 사랑과 같은 것이 자무량심이다.

비무량심과 희무량심은 자무량심을 구체적으로 나타낸 것이다. 비무량심은 남에게 불행이 닥쳤을 때 남의 슬픔을 나의 슬픔으로 생각하여 '차라리 내가 아픈 것이 낫겠다.'고 하는 마음이다.

희무량심은 다른 사람이 잘되는 것을 보고 기뻐해 주는 마음, 남의 경사를 나의 경사처럼 기뻐하는 마음을 말한다.

그리고 사무량심은 남을 돕고자 끝없이 자기를 비우고 버리는 마음가짐이다. 한 알의 씨앗은 땅 속에 떨어져 썩은 연후에야 싹을 틔워 알찬 열매를 거둘 수 있게 하고 촛불이 제 몸을 태워 어둠을 밝히듯 나를 희생시켜 모두를 살리는 마음이 사무량심이다.

이와 같이 다함없는 마음, 무량심을 옛 사람은 '용심여토 안심사해 用心如土 安心似海'라고 했다. 마음을 쓸 때 흙과 같이 남의 허물을 덮어주고, 편안한 마음으로 좋든 싫든 더럽든 깨끗하든, 바다처럼 다 받아들이고 포용하라는 뜻이다.

바다는 어떠한가? 홍수가 났을 때 높고 낮은 산과 대지의 큰 물,

작은 물, 깨끗한 물, 흙탕물, 공장 폐수 등이 마구 뒤섞여 용트림을 하며 일제히 바다로 쏟아져 들어간다. 하지만 바다는 아무런 차별없이 모든 물을 받아들인다. 우리의 마음이 이 바다와 같이 된다면, 너그럽기가 한량이 없지 않겠는가?

또한, 아무리 더러운 대·소변이라 하더라도 흙으로 덮어주고 묻어주면 훌륭한 거름으로 바뀌듯이 우리도 흙과 같이 잘못된 이를 덮어주고 베푼다면 그 공덕이 한량이 없는 것이다. 바다처럼 차별없이 흙처럼 허물을 덮어주며 베풀 줄 아는 사람, 그가 바로 장차 부처님이 되실 참된 불자요, 보살인 것이다.

우리가 보시를 할 때 특히 지녀야 할 마음가짐은 절대 보답을 바라지 말라는 것과 자랑하지 말라는 것이다. 보답을 바라고 하는 보시는 참다운 보시가 아니다. 베품이 아니라 거래이다. 거래는 일정한 이익만을 가져다 줄 뿐 참된 행복을 가져다 주지 않는다. 거래로써는 법계에 충만되어 있는 무한한 행복의 기운을 움직일 수가 없는 것이다. 그러므로 베풀 때는 그냥 베풀어야 한다. 줄 때는 그냥 주어야 한다. 그렇게 해야만 법계의 기운이 나와 함께 한다.

그리고 베풀고 난 다음에는 '누구에게 무엇을 어떻게 줬다.'고 하는 집착을 하지 말아야 한다. 왜 집착을 하지 말라고 했는가? 법계의 흐름은 함이 없는 무위無為요, 인간사는 한 것을 내세우고 남기는 유위有為이다. 곧 우리는 집착하고 사는 유위의 삶 속에 빠져 살고 있는 것이다.

집착은 우리가 지은 복을 한정짓는다. 때로는 집착 때문에 다른 업을 불러일으켜 잘 지어놓은 복을 완전히 갉아먹는 경우까지 있다. 많은 불자들이 이 사실을 알지만 무엇보다도 자랑을 하고 싶어 이를 어기는 경우가 많다.

좋은 일을 하고 난 연후에 "좋은 일을 했다."고 으스대거나 한 일에 대해 집착을 놓지 못하면 그 좋은 일이 한량이 있는 유위의 복으로 끝나고 만다. "돈 얼마를 어느 절에 시주했어. 잘 했지?" 하고 자랑을 하면 그 순간부터 지은 복의 과보를 받기 시작하며 오히려 자랑이 지나치면 그 자랑 때문에 지은 복을 순식간에 다 까먹어 버린다.

상식적으로 생각해 보라. 복의 씨를 심었으면 싹이 트고 열매를 맺을 때까지 기다릴 줄 알아야 한다. 그런데 복의 씨를 심기가 무섭게 '내가 심은 씨가 이런 것'이라며 땅을 다시 파고 씨앗을 꺼내어 만지작거린다면 어떻게 되겠는가?

'베푼 것에 집착하지 말고 베푼 것을 자랑하지 말라.'는 것은

『금강경』의 '무주상보시無住相布施', 곧 '상을 내지 말고 보시하라.' 는 가르침과 그대로 통한다.

이를 다시 비유로 풀어보자.

집착하고 자랑하는 유주상보시有住相布施는 항아리에 가득 찬 물과 같다. 그 물은 '자랑'이라는 바가지로 여러 차례 퍼내어 버리면 곧 바닥이 드러난다. 그러나 무주상보시는 펑펑 솟는 샘물과 같아서 아무리 퍼낼지라도 마르는 법이 없다.

그러나 '나는 무주상보시를 하며 살아야지'를 마음 속으로 되내일지라도 때로는 베푼 것만큼의 권리를 주장하고 싶을 때가 있고 베푼 것에 대해 자랑하고 싶은 때도 있다. 그러할 때는 저 푸른 하늘의 해나 달을 쳐다보자. 누가 자기를 칭찬하든 비방하든 잘 사는 곳이든 못 사는 곳이든 한결같이 비추는 해와 달, 수만 년 수 억 년을 비추지만 조금도 자랑하거나 노하지 않고 비추는 해와 달, 어제도 오늘도 내일도 한결같이 그리고 구름에 가릴지라도 그 자체의 비춤은 멈추지 않는 해와 달을 보라.

정녕 우리가 해와 달처럼 베풀면 무주상보시의 공덕이 그대로 나의 것이 된다. 불 · 보살님의 복이 한량 없는 까닭이 무엇이겠는가? 바로 이와 같은 베품 때문이다. 써도 써도 다함이 없는 복덕이 끊임 없이 오는 것, 우리는 해와 달처럼 무주상으로 베풀면 법계에 가득한 행복과 하나가 된다.

물론 무주상의 보시가 쉽지는 않을 것이다. 하지만 조금씩이라도 더 자비의 마음을 열어 집착 없이 자랑하지 말고 베풀어 보라. 당연히 '해야 할 일을 하는 것일 뿐'이라며 베풀어 보라. 오히려 베푼 것의 몇 제곱만큼이나 되는 복덕이 되돌아온다는 것을 곧 느끼게 될 것이다.

곰곰이 생각해보면 우리 스스로가 남을 위하여 보시하고 베푸는 것보다 아무 말 없이 이 우주 만물에 신세를 지고 고마운 혜택을 받으면서 살아가고 있음을 알 수 있다.

온 세상을 비춰주는 해와 달과 맑은 공기와 곡식과 꽃들이며 흙으로부터 얻어지는 그 모든 은혜와 고마움을 어찌 값으로 계산하며 말과 글로써 다 표현할 수 있겠는가.

어떤 사람이 와서 해롭게 하거든
마땅히 마음을 거두어 성내거나 원망하지 말지어다.
한 생각 성내는 마음 일으키면
백만 가지 장애의 문이 열린다.

참을 수 없는 것을 참는 인욕바라밀

이제 참는 것에 대해서 살펴보자.

한 평생을 살다보면 나에게 맞지 않는 역경에 부딪히는 경우가 너무나 많다. 미운 사람과도 만나게 되고 마음에 들지 않는 일도 많이 생기게 되며 사랑하는 사람이 나를 거역할 때도 자주 있다. 그리고 때로는 억울하다 싶을 정도의 원통한 일도 생긴다. 이러한 때에 우리는 분노를 느끼거나 슬픔과 함께 배신감에 빠져든다. 때로는 시기·질투의 감정을 느끼기도 하고 증오심과 살심殺心을 품기까지 한다. 그러나 이때가 고비이다. 욕됨을 참는 인욕으로 이 때를 잘 넘겨야 한다.

『선가귀감』에는 다음과 같은 구절이 있다.

유인래해 당자섭심 물생진한 有人來害 當自攝心 勿生瞋恨

일념진심기 백만장문개 一念瞋心起 百萬障門開

어떤 사람이 와서 해롭게 하거든
마땅히 마음을 거두어 성내거나 원망하지 말지어다.
한 생각 성내는 마음 일으키면
백만 가지 장애의 문이 열린다.

삼독중의 하나인 진심瞋心이 무엇인가? 바로 독기이다. 사람이 짜증을 내고 성을 내게되면 속에서 독기가 일어나고 그 독기가 온 몸의 내장으로 퍼진다. 심하면 손발과 얼굴과 온 몸이 붓는 경우도 있고 종기가 생기기도 한다. 결국 그 독기에 누가 상하고 누가 죽게 되는가? 실로 우리가 성을 내게 되면 바로 그 순간에 칼처럼 날카로운 기운이 튀어나와 남을 찌르고 나 자신도 찌르게 된다. 바로 이것이 '칼산지옥〔刀山地獄〕'이 생겨나는 원인이 되는 것이고 죽고 나면 그곳에 떨어져 큰 고통을 당하게 된다는 것이다.

'한번 성내는 마음을 일으킬 때 온갖 장애의 문이 한꺼번에 열린다.'는 『화엄경』의 가르침이 있듯이 그렇다. 설혹 삼재팔난三災八難을 막겠다고 백천 장의 부적符籍을 붙일지라도 한 생각 성내는 마음이 울컥 치밀어오를 때 온갖 재앙이 덮쳐오게 되어 있다.

그리고 불가에서는 '애써 닦고 기른 공덕림功德林을 진심의 불이 다 태운다.'고 한다. 백일기도 천일기도 등을 통하여 아무리 열심히 공덕을 쌓을지라도 분노의 불길을 끄지 못하면 애써 쌓은 공덕이 아무런 쓸모 없이 되고 만다는 것이다. 그러므로 우리는 참고 살아야 한다. 나에게 찾아와 나의 자존심과 감정을 건드리는 욕된 일들을 잘 소화시키고 잘 받아들여 쉽게 인욕할 수 있어야 삶이 평화롭다.

인생을 살다 보면 별별 일들을 다 겪는다. 그러나 무슨 일이든 나에게 찾아드는 것은 까닭 없이 찾아들지 않는다. 그렇게 되게끔 되어있는 무엇이 있기 때문에 찾아드는 것이요, 내가 당하게끔 되어 있기 때문에 당하는 것이다. 이것이 인과법칙이다. 이 인연의 법칙을 잘 새겨 감정이 솟구치고 화가 치밀어 오를 때 한 걸음 물러서야 한다. 참고 넘어서면 감정이 식은 다음에 후회 없는 평온이 찾아들고 행복이 깃들게 된다.

이런 까닭으로 불교에서는 물과 같이 마음을 쓸 것을 가르치고 있다. 현대의 대선사였던 경봉 큰스님은 영축산의 산세를 보고 통도사 극락암의 백호등 끝에서 약수를 발견하셨는데 그 물을 마시는 모든 사람들이 볼 수 있게끔 1963년 9월에 '산정약수山精藥水'라는 비석을 세우고 친필로 다음과 같은 내용을 써서 새겨두었다.

> 이 약수는 영축산의 산 정기로 된 약수이다.
> 나쁜 마음을 버리고 청정한 마음으로 먹어야 모든 병이 낫는다.
> 물에서 배울 일이 있으니 사람과 만물을 살려주는 것은 물이다.
> 갈 길을 찾아 쉬지 않고 나아가는 것은 물이다.
> 어려운 구비를 만날수록 더욱 힘을 내는 것은 물이다.
> 맑고 깨끗하며 모든 더러움을 씻어주는 것은 물이다.
> 넓고 깊은 바다를 이루어 많은 고기와 식물을 살리고
> 되돌아 이슬비가 되나니
> 사람도 이 물과 같이 우주 만물에 이익을 주어야 한다.
> 영축산이 깊으니 구름 그림자가 차고
> 낙동강 물이 넓으니 물빛이 푸르도다.

경봉 큰스님의 가르침처럼 우리도 마음의 감로수를 불러일으켜 성냄의 불을 잠재우고 만물을 살리며 살아가야 한다. 바로 이것이 행복을 얻는 길이며 불자된 사람의 소명인 것이다.

그리고 부처님께서는 '약무인행若無忍行하면 만행불성萬行不成이니라.'고 하셨다. 참을 줄 모르면 어떠한 만행도 성취하지 못한다는 것이다. 만행, 곧 행복과 해탈을 얻게 하는 방법은 만 가지도 더 되지만 참을 줄 모르면 그 중 어느 하나도 이룰 수가 없다는 가르침이다. 정녕 우리가 행복을 바라고 해탈을 바란다면 꼭 인욕행을 익혀야 한다. 참을 줄 알면 이 사바세계를 무대로 삼아 능히 성공할 수 있고 능히 행복해질 수 있다. 참을 줄 알면 해탈의 고지를 향해 행복의 저 언덕을 향해 훨씬 쉽게 나아갈 수 있다. 우리 모두 인욕의 갑옷을 입고 행복의 길, 깨달음의 길로 나아가자. 인욕할 줄 아는 자는 시련이 두렵지 않다.

다음에 소개할 일본 교토에 천룡사天龍寺를 연 몽창夢窓(1275~1351) 국사와 일본 선불교를 중흥시킨 백은白隱(1685~1768) 선사의 인욕행을 통해 어떠한 상황에서도 마음이 흔들리지 않는 부동심不動心을 배워보시기 바란다.

쇠 부채에 맞고도 태연한 몽창 국사

몽창 국사가 어느 날 강을 건너기 위해 나룻배를 탔다. 마침 술에 취한 사무라이 한 명이 이리저리 비틀거리며 난폭하게 굴고 있었다. 그가 비척거릴 때마다 배가 좌우로 심하게 흔들렸다. 사공뿐 아니라 승객 모두가 불쾌해했으나 겁을 먹어 그 누구도 말리러 나서는 사람이 없었다.

몽창 국사가 이를 보고 주의를 주었다.

"여보시오, 잠시만 가만히 있어주시오. 배가 이렇게 흔들리지 않소."

사무라이는 벌컥 화를 냈다.

"뭐야, 이 땡초는······."

그는 가지고 있던 쇠 부채로 몽창 국사의 이마를 내리쳤다. 당연히 국사의 이마엔 상처가 났고 금방 피가 흘렀다. 국사를 시봉하던 두 스님과 경호원들이 이 장면을 보고 두 팔을 걷어붙이며 나섰다. 두 스님은 원래 무사 출신으로 검술이 뛰어나고 힘이 장사였다. 그 사무라이 정도는 상대가 되지 않았다.

그러나 몽창 국사는 두 사람을 말리며 말했다.

"너희들은 이런 일로 마음이 움직인단 말이냐? 우리는 불도를 닦는 불제자이다. 그렇다면 뭔가 일반 사람과는 다른 면이 있어야 하지 않겠느냐?"

그리고는 다음과 같은 시를 지어 읊었다.

"때리는 사람이나 맞는 사람이나 모두
한 바탕의 꿈을 꾸고 있을 뿐이라네."

이 일로 두 제자는 인욕행이 무엇인지를 보고 배울 수 있었다. 그리고 국사를 몰라 본 사무라이는 술이 깬 후 잘못을 빌고 국사의 제자가 되었다.

처녀의 아이를 키운 백은 선사

일본의 선불교를 중흥시킨 백은白隱(1685~1768) 선사는 한 때 송음사松蔭寺에 머물고 있었다.

그런데 절 입구 마을의 두부장수집 딸이 이웃 사내와 정을 통하여 아기를 갖게 되었다.

그 사실을 안 딸의 부모는 크게 분노하여 몽둥이를 들고 심하게 추궁했다.

"감히 처녀의 몸으로 아기를 가지다니! 어느 놈의 씨를 뱃속에 넣었느냐? 몽둥이로 패 죽이기 전에 사실대로 말해라. 내 그놈을 가만 두지 않겠다."

살기등등한 부모님의 추궁에 딸은 사실대로 말할 수가 없었다. 그대로 말하였다가는 자신도 그 남자도 뱃속의 아기도 살아남지 못할 것 같았기에 거짓말을 했다.

"윗 절의 백은 큰스님 … …."

부모의 분노는 사람들로부터 깊은 존경을 받고 있는 백은 스님께로 옮겨갔다. 서슬이 퍼런 얼굴로 스님을 찾아간 딸의 부모는 확인의 질문을 던졌다.

"우리 딸이 스님의 아기를 가졌다고 하던데요?"

"아, 그렇습니까?"

스님이 이렇게 답하자, 딸의 부모는 온갖 원망과 저주의 욕설을 퍼부었고 큰스님으로 존경받던 백은 스님은 그 순간부터 사람들의 손가락질을 받으며 살아가야 했다.

그리고 몇달 뒤, 딸이 사내아기를 낳자 딸의 부모는 아기를 안고 스님을 찾아와 말했다.

"당신의 잘못으로 생겨난 당신의 아들이니 당신이 키우시오."

스님은 좋다 싫다는 말 한마디 없이 아기를 안고 집집을 찾아다니며 젖을 얻어 먹였고 똥·오줌을 받아주고 목욕도 시키며 정성껏 키웠다.

그렇게 1년여의 세월이 흘렀을 무렵, 모성애와 죄책감으로 더 이상 견딜 수 없었던 딸은 부모님께 사실을 털어놓았다.

"아기의 진짜 아버지는 이웃 음식점의 남자입니다."

사실을 안 딸의 부모는 어찌할 바를 몰라 했다. 딸의 허물이 문제가 아니라 존경받던 큰스님을 파계승으로 전락시켰고 아기까지 키우게 하였으니……

부모와 딸은 백은 스님을 찾아가 자초지종을 밝히고 깊이깊이 사죄하고 아기를 돌려줄 것을 청했다.

모든 이야기를 묵묵히 듣고만 있던 백은 스님은 별다른 표정 없이 말했다.

"아, 그렇습니까?"

이 한마디와 함께 스님은 아기를 그들 품으로 넘겨주었다.

하심

원각산중생일수 圓覺山中生一樹

개화천지미분전 開花天地未分前

비청비백역비흑 非靑非白亦非黑

부재춘풍부재추 不在春風不在秋

무거무래역무주 無去無來亦無住

무일물중무진장 無一物中無盡藏

원각산에 한 그루 나무가 살아있는데

하늘과 땅이 나눠지기 전에 이미 꽃이 피었네.

그 색은 푸르지도 희지도 검지도 아니하되

봄이나 가을 바람에도 영향을 받지 않네.

오고 감이 없고 또한 머무른 바도 없건만

한 물건도 없는 속에 무진장의 보배가 들었나니.

원각산圓覺山을 찾으려니 그 모양이 없다. 이런 산이 있기는 한 것인가 의심을 한다. 그런데 그 산에 한 그루 나무가 있단 말이다. 나무 속에는 일체 한 물건도 없는데, 그 속에 또 무진장한 보배창고가 있다 한다. 온갖 금은보화, 성인聖人, 지옥이 모두 이 속에 들어있다. 어떤 이는 이 나무를 '마음'이라고도 부르고, '우주'라고도 부르는데 다들 제 맘대로 이름을 지어 부른다. 우리 모두는 이 나무가 무엇인지를 찾으려고 그렇게 노력하는 것이다.

불교의 '무변광대無邊廣大'함을 이보다 더 실감나게 노래할 수는 없을 것이다. 이것이 불교다. 그래서 우리는 마음으로 시작해 일평생을 이 마음이란 놈과 씨름하면서 그것을 찾는 일을 하는 것이다. 그런데 우리는 마음을 찾지도, 알지도 못한다면 잘 사용하기라도 해야 할 것이다.

불교의 근본은 마음을 찾는 종교요, 마음을 보는 종교요, 마음을 아는 종교요, 마음을 깨닫는 종교요, 마음을 잘 사용하도록 가르치는 종교이다. 불교가 무엇인지도 모르면서 불교를 믿는 것은 마치

'소리 나지 않는 북'과 같아서 아무런 쓸모가 없다. 불교가 무엇인지 제대로 알면서 불교를 믿어야 한다.

나는 불자님들을 대할 때마다 늘 하심下心하는 마음을 먼저 강조한다. 매사에 하심할 줄 알아야 한다. 하심은 자신을 깨치고 남을 편하게 하고, 부처님 가신 길을 한 걸음씩 쫓는 수행의 기본이라고 볼 수 있다. 『금경경』에 '무상즉불無相即佛이요, 유상즉중생有相即衆生'이라고 했다. 어리석은 중생은 늘 상에 얽매이기 마련이다. 그러니 더 하심하지 않을 수 없다. 남이 나를 무시하는 것도 잘못이지만, 내가 남을 무시하는 것도 잘못이다.

요즘 정치판이나 세상 돌아가는걸 보면 이 놈, 저 놈 하고 함부로 험구를 퍼붓는 일이 다반사이다. 면전이 아니라고 남을 낮추는 것은 더욱 잘못된 것이다. 항상 남을 높이고 나를 낮추어라. 고인古人의 말씀에 "도가 높은 자는 마음을 더욱 적게 쓰고, 벼슬이 높을수록 항상 뜻을 낮추어야 한다."고 했다. 복은 두 손을 모아서 비는 사람에게 오는 것이 아니고 마음을 낮추고 남을 존중하는 사람에게 가는 것이다.

나는 평소 불자들에게 행복에 대한 법문을 자주 한다.

질병, 전쟁, 취업, 재산, 자녀문제 등 자신의 처지에서 느끼는 불행은 사람마다 제각각이다. 은사이신 일타 큰스님께서 늘 해주시던 말씀이 "얼음이 많으면 물이 많고, 얼음이 적으면 물도 적다."는 가르침이다. 지금 어렵고 힘든 상황을 회피하기 보다는 난관에 당당히 맞서 물리치는 사람이 성취도 큰 법이다. 진정한 불자라면 불행할 이유가 없다.

신심으로 불·보살의 원력을 세우고 포기하지 않는 삶의 자세를 가져야 한다. 나도 어려서 출가했지만 가난으로 인한 고통이 끊이지 않았던 때가 있었다. 그러다 스무 살 무렵 『관세음보살보문품』을 읽은 후 관세음보살 염불에 무섭도록 집중하다보니 일순간 그동안의 난관들은 어디론가 사라지고 없었다. 뒤에 해인사 장경각에서 백만 배 기도를 회향한 것도 이런 신심 때문이었다.

절은 자신을 한없이 낮추는 하심의 표현이다. 단 일 배를 하더라도 정성으로 살아있는 부처님을 대하듯 절을 해보라. 진짜 절 수행이 무엇인지를 알게 된다. 중생에게 참회의 공덕만큼 수승한 것은 없다. 스님들처럼 용맹정진 하지는 못하더라도 꾸준히 참회의 절을 하다보면 어느 날 문득 많이도 바뀌어 있는 자신을 발견하게 될 것이다.

침 뱉으면 마를 때까지 그냥 두어라

중국 오대산은 문수보살님이 상주하는 도량인데 그곳에 발탑사髮塔寺라는 절이 있다.

한 절에서 만발공양 무차대회 법회가 봉행 되던 어느 날 한 여자가 동자승과 함께 개를 데리고 도량에 들어섰다.

개가 도량 이곳저곳을 돌아다니며 '볼 일' 까지 보자 대중들은 개를 데리고 온 여자에게 화를 냄은 물론 "저 개를 패주어야 한다." 며 불평했다.

이에 여자는 오히려 "볼 일 안보는 사람 있으면 나와 보라." 고 호통 치며 원주를 불러, "오늘이 무슨 날이냐?" 고 물었다. 원주가 만발공양 무차법회가 있다고 답하자, 가위를 갖다 달라고 요구했다. 사연인즉 "머리카락을 잘라 부처님께 올리겠다." 는 것이었다.

가위와 쟁반을 갖다 주자 여자는 그 자리서 손수 머리카락을 싹둑 잘라 쟁반 위에 올려 놓았다. 이것을 지켜 본 대중들은 '보살' 이라고 칭송하며 그 여자를 따뜻이 맞이했다.

법회가 오래 지속되자 그 여자는 원주스님에게 배가 너무 고프니 밥을 달라고 요구했다.

원주스님이 "법회도 끝나지 않은 상황에서 밥을 줄 수 없다." 고

단호히 말했지만, 여자는 "나도 머리카락 보시를 했으니 밥 먹을 자격이 있다."며 당장 가져오라고 또다시 호통을 쳤다.

원주스님은 법회의 원만한 진행을 위해 여자의 요구대로 밥 한 그릇을 갖다 주었다. 그러자 여자는 동자와 개도 먹어야 한다면 밥을 더 요구했다. 개밥까지도 갖다 주었는데, 그 여자는 "임신을 했다."며 한 그릇 더 요구했다.

당돌한 여자의 돌출 행동을 보다 못한 대중이 "냄새나는 머리카락 보다 밥값이 더 들겠다."며 소리쳤고, 이에 여자는 "그럼 밥 안 먹고 머리카락 다시 가져가겠다."며 동자를 시켜 머리카락이 담긴 쟁반을 가져오라 했다.

동자승이 머리카락을 여자의 머리에 대자마자 원래대로 돌아갔다. 머리카락이 자르기 전의 예전과 똑같이 붙은 것이다. 사람들이 이에 놀라 입을 다물지 못할 때 그 여자는 "좀 전에 이 개를 패고 싶다고 했는데 남이 내 개를 패는 것은 원치 않으니, 내가 직접 땅에다 팽개칠 터이니 잘 보라."며 개를 땅에다 내리 꽂았다.

허공에서 땅으로 떨어진 그 개는 곧바로 청사자로 변했고 하늘에는 아름다운 무지개가 떴다.

여자는 동자승을 데리고 청사자 등에 올라 타고는 허공을 날아오르며 "중생들이여 평등한 마음을 배워라."고 일갈했다.

　말로는 "마음을 넓게 쓰라." 하면서 '볼일 보는' 개가 미워 패려 하는 마음은 무엇인가? 머리카락 자르기 전에는 '못된 여자' 였다가 자르고 나니 바로 '보살'로 부르는 그 마음을 보라. 만발공양 무차법회에서 떡과 과일만 잘 올렸지 진실로 중요한 마음 한 자락은 어디에도 없었던 것이다.

　그 여자는 바로 문수보살의 화신이었던 것이다.

　대중들은 떠나가는 문수보살님에게 참회하며 중생을 위해 법문 한 구절만 들려달라고 간청했다.

　이 때 문수보살님은 이렇게 설했다.

　때리면 맞고 밀치면 뒹굴 뿐.
　얼굴에 침을 뱉거들랑 마를 때까지 그냥 두어라.
　이런 사람을 보살이라 이름 하나니라.

　문수보살을 몰라봤던 대중들은 그때서야 후회하고 쟁반 위에 몇 올 남아있던 머리카락을 정성껏 모아 탑을 만들고 절을 지었으니 이 이야기가 바로 중국 오대산 문수성지인 발탑사의 유래이다.

문수보살님의 법문이 바로 인욕의 극치이다. 인욕이란 도저히 참을 수 없는 것을 참는 것이다. 인욕 정진을 한 사람의 마음은 곧 자비이다. 우리는 자비심의 씨앗을 심어야만 한다.

혼자 있어도 게으르지 않으며 칭찬과 비방에 흔들리지 않고, 소리에 놀라지 않는 사자처럼, 그물에 걸리지 않는 바람처럼, 진흙에 더럽히지 않는 연꽃처럼, 언제나 몸과 마음을 청정히 하며 당당하게 깨달음의 길을 걸어가야 할 것이다.

대승보살의 수행

『대방광불화엄경』은 경의 제목만 귀에 슬쩍 지나가도 3악도가 멸하고 마음땅에 불·보살의 씨앗을 심는다고 했다. 그 정도로 경의 공덕이 지중하고 귀한 가르침이 담겨 있다.

『화엄경』에는 깊고 깊은 법문이 많지만 불자들이 꼭 알아야 할 보살의 10가지 경계와 10가지 몸, 10가지 말의 종류, 10가지 마음에 대해 말하고자 한다. 보살이 신·구·의 身口意 삼업을 닦는 수행을 우리도 어김없이 본받아 수행하리라 하는 발원을 꼭 하기 바란다.

불자여, 보살 마하살의 열 가지 경계가 있으니, 무엇이 열인가.
이른바 그지없는 법계의 문을 나타내어 중생들이 들어가게 하나니, 이것이 보살의 경계니라. 모든 세계의 한량없는 묘한 장엄을 나타내어 중생들이 들어가게 하나니, 이것이 보살의 경계니라. 모든 중생의 세계에 변화하여 가서 방편으로 깨우치나니, 이것이 보살의 경계니라. 허공계에서 세계를 나투고 세계에서 허공계를 나투나니, 이것이 보살의 경계니라. 생사계에서 열반계를 나타내고 열반계에서 생사계를 나타내나니, 이것이 보살의 경계니라. 한 중생의 말 가운데 모든 불법의 말을 내나니, 이것이 보살의 경계니라. 그지없는 몸으로 한 몸을 만들고 한 몸으로 모든 차별한 몸을 만드나니, 이것이 보살의 경계니라. 한 몸으로 모든 법계에 가득하나니, 이것이 보살의 경계니라. 잠깐 동안에 일체 중생으로 보리심을 내게 하며 각각 한량없는 몸을 나타내어 정등각을 이루게 하나니, 이것이 보살의 경계니라. 이것이 열이니 만일 보살들이 이 법에 편안히 머물면 여래의 위없는 큰 지혜의 경계를 얻느니라.

우리는 오묘한 심성, 주인공, 마음, 영혼, 부처자리, 본래면목을 사용하면서도 보고 만질 수 없다. 그러나 이렇게 분명히 법문을 설하고 듣는 주인공이 있다. 지혜, 마음의 눈, 법의 눈이 열리면 보지 못하는 것을 보게 되며 성품을 보면 부처를 이루는 것이다.

중생들은 오고 가는 곳을 모른 채 살다가 죽는 날도 모른 채 저승으로 간다. 문종이 한장만 눈앞을 가려도 앞뒤를 보지 못하고 먼 곳은 더더욱 보지 못한다. 그러나 지혜의 눈이 열리면 다 볼 수 있다. 한 몸으로 여러 몸이 될 수도 있고 여러 몸이 한 몸이 되기도 한다. 천 강에 달이 뜨면 천강에 달이 비치고 만리에 구름 없으면 만리가 청천 하늘이다. 그러나 안개가 끼면 지척을 분간하지 못해 비행기도 뜨지 못하는 것이 마치 분별망상으로 심성을 보지 못하는 이치와 같다.

중생의 마음이 맑고 깨끗하여 분별망상이 쉰 경계에 보살이 나타나는 것이다. 불·보살의 자비는 일월 광명과 같아서 늘 비추고 덕화를 내리고 있지만 덮어 놓은 단지 아래에는 광명이 비추지 못한다. 아무리 좋은 음식도 더러운 그릇으로는 먹을 수가 없다. 구멍 뚫린 그릇으로는 물을 먹지 못한다. 마음이 깨끗해지고 빈 틈을 막으면 백천 강물에 달빛이 비추듯 허공의 달빛처럼 환한 보살의 경계가 나타난다.

불자여, 보살 마하살에게 다시 열 가지 몸이 있으니, 무엇이 열인가.
이른바 모든 바라밀다의 몸이니 다 다르게 수행하는 까닭이니라. 네 가지로 거두어 주는 몸이니 일체 중생을 버리지 않는 까닭이니라. 크게 가엾이 여기는 몸이니 일체 중생을 대신하여 한량 없는 괴로움을 받으면서도 고달픔이 없는 까닭이니라. 크게 인자한 몸이니 일체 중생을 구호하는 까닭이니라. 복덕의 몸이니 일체 중생을 이익케 하는 까닭이니라. 지혜의 몸이니 모든 부처의 몸과 성품이 같은 까닭이니라. 법의 몸이니 여러 길에 태어남을 아주 여읜 까닭이니라. 방편의 몸이니 모든 곳에서 앞에 나타나는 까닭이니라. 신통의 힘인 몸이니 모든 신통변화를 나타내는 까닭이니라. 보리의 몸이니 좋아함을 따르고 때를 따라 바른 깨달음을 이루는 까닭이니라.

이것이 열이니 만일 보살들이 이 법에 편안히 머물면 여래의 위없는 큰 지혜의 몸을 얻느니라.

적어도 최상승의 화엄경 법문을 듣고 배우고 공부하는 불자는 복이 되는 것을 배우고 행동해야 한다. 복이 되는 말을 하고 마음을 쓰고 행동하면 복이 저절로 들어오고 재앙이 저절로 소멸되는 것이다.

펄펄 끓는 물을 식히려면 솥 밑의 불을 꺼야 한다. 그렇지 않고 솥에 찬 물을 부어서는 영원히 물이 식지 않는다. 끝을 막는 것은 근본을 막는 것만 못하다. 보살의 열 가지 몸과 입과 마음을 배워서 실천하는 것이 근본적인 수행인 것이다.

보살의 열 가지 몸은 바라밀을 실천하는 몸이요, 사섭四攝의 몸이며, 일체를 버리지 않는 것이다. 중생을 위해 봉사하고 보탬이 되고 이익을 주리라 하는 것이 보살의 자세이다. 처음 사람을 만나 명함을 주고 받으며 얼굴을 익힐 때 덕볼 것을 생각하고 머리를 굴리지 말고 뭔가 하나라도 도움이 되려는 생각을 가져라. 간단한 이야기지만, 이런 작은 일 하나 실천하는 것이 보살의 수행이다.

물방울이 비록 적지만 모여서 강이나 바다가 되고, 작은 티끌이 모여서 큰 산이 된다. 무간지옥無間地獄은 스스로의 작은 죄가 쌓여서 엄청난 지옥을 이루는 것이다. 작은 공덕이라도 때를 놓치지 말고 지어야 한다.

보살이 공덕을 즐기는 것은 바다에서 흘러 들어오는 물을 받아서 만족하는 마음이 없는 것과 같다.

부처님께서는 한 눈먼 비구, 아나율阿那律이 바늘귀를 꿰지 못하는 것을 보고, 선정으로부터 일어나 아나율에게 다가가서 말씀하셨습니다.

"나는 복덕을 즐긴다. 그 실을 바늘에 꿰어 주마."

그때, 눈먼 비구는 부처님의 목소리를 짐작하고 놀라 기뻐하면서 부처님께 사뢰기를 "세존이시여, 세존의 공덕이 아직 만족하지 않으십니까?" 하니, 부처님이 대답하기를 "나의 공덕은 원만하다. 오직 나의 이 몸은 공덕으로부터 생겼다. 그러므로 공덕의 은혜를 알고 있으므로 그래서 공덕을 좋아 한다."고 했습니다.

부처님의 공덕을 관함으로써 원하는 바가 만족할 것이지만 보살의 공덕을 관하는 것은 위에서 설한 바와 같이 여러 가지 이유가 있고 깊은 뜻이 있는 것임을 알아야 한다.

돈을 많이 벌어 나중에 이름을 남기겠다고 하는 것은 거룩한 것이 아니다. 늘 만나는 사람에게 최선을 다하고 절에 오면 휴지 하나라도 줍고 새로 온 신도에게 자리를 양보하는 것이 공덕이다. 늘 만나는 사람을 편안하게 대해주며 감사하고 고맙게 여기는 것이 화엄보살을 비롯한 불·보살님이 걸어가신 길이다.

내가 아는 부산의 한 젊은 보살님이 얼마 전 목욕탕에서 겪은 일이다.

목욕탕에 들어서니 한 노 보살님이 혼자 외롭게 때를 밀고 있었다. 그 보살은 '노력봉사도 보시다.' 싶어서 할머니께 다가가 말을 걸었다.

"할머니, 제가 등 좀 밀어드릴까요?"

그러자, 할머니는 너무나 좋아했다. 요즘 젊은이들이 늙은이를 피하는데 비누칠을 하고 때를 밀어주니 너무나 고마웠던 것이다.

목욕을 하고 함께 나와서는 우유를 사서 두 분이 나눠 마셨다.

그런데 헤어지려고 하는 순간, 할머니의 눈에 눈물이 글썽거렸단다. 수 십년 만에 처음 느껴보는 따뜻한 마음에 감동한 것이다. 자식들한테도 못 느끼던 정을 느낀 할머니가 말했다.

"우리 언제 다시 만날까? 어느 집 딸인지 며느리인지 참 부럽다."

이러한 작은 정성이 감동을 주는 보살행이자 공덕인 것이다. 사섭법의 정신으로 자그마한 일이라도 중생을 위해 봉사하는 것, 둘이 아닌 정신으로 중생의 괴로움과 기쁨을 나누는 것이 보살의 마음이다.

그렇다면, 보살의 마음을 표현하는 보살의 말은 어떠해야 할까?

불자여, 보살 마하살의 열 가지 말이 있으니 무엇이 열인가.
이른바 부드러운 말이니 일체 중생으로 하여금 편안케 하는 까닭이니라. 단 이슬 같은 말이니 일체 중생을 서늘하게 하는 까닭이니라. 속이지 않는 말이니, 말하는 것이 모두 실제와 같은 까닭이니라. 진실한 말이니, 꿈에서까지 거짓말이 없는 까닭이니라. 넓고 큰 말이니 모든 제석과 범천과 사천왕들이 존경하는 까닭이니라. 매우 깊은 말이니, 법의 성품을 보이는 까닭이니라. 견고한 말이니, 법의 말함이 다함 없는 까닭이니라. 정직한 말이니, 말하는 것이 알기 쉬운 까닭이니라. 가지가지 말이니, 때를 맞추어 나타내는 까닭이니라. 일체 중생을 깨우치는 말이니 그들의 욕망을 따라 알기 쉽게 하는 까닭이니라.

이것이 열 이니, 만일 보살들이 이 법에 편안히 머물면 여래의 위없이 미묘한 말을 얻느니라.

이 말은 보살의 수행에서도 이처럼 중요한 것이다. 세상살이에서 어려운 일이 참 많지만 말 잘하는 것보다 어려운 것은 없는 것 같다. 어떻게 해야 말을 잘할 수 있을까. 책을 보거나 들은 소리로 말하는 것을 잘한다고 하지는 않는다. 중생의 근기와 차별인연을 보고 화목하고 정직하고 편안하게 심금을 울리고 기를 살리는 말을 해야 한다. 들으면 더 듣고 싶고 의지가 되고 믿음이 가는 말은 주장자와도 같다.

어떤 보살님이 내게 물었다.

"스님, 이 꼬부랑 몽둥이(주장자)는 뭐하러 가지고 있습니까?"

"왜 하필 많고 많은 질문 중에 그런 질문을 하십니까?"

"예, 제가 어린 시절 들었던 할머니 이야기가 떠올라서요. 할머니는 '꼬부랑 길을 가는데, 꼬부랑 개를 꼬부랑 몽둥이로 탁 때리니, 꼬부랑 깽! 꼬부랑 깽! 하며 가더라.' 는 겁니다."

이 주장자는 마음의 기둥이라 해서 심주心柱라고도 한다. 말 잘하는 것이 이 주장자와 같다. 팔만대장경을 뭉쳐서 집대성 한 말이 마음 '심心' 자이다. 이 주장자를 마음이라고 치자.

이 소리를 듣는 주인공, 이 주장자를 보는 주인공, 이것이 무엇인가?

　(주장자로 탁! 바닥을 치고서는)

들었는가? 보았는가?

보고 듣는 게 같은가? 다른가?

보고 듣는 주인공이 하나냐? 둘이냐?

마음도, 부처도, 영혼도, 물건도 아니니 이것이 무엇인고?

이뭣고?

말 한마디 잘하면 마치 주장자와 같아서 사나운 짐승이 달려들지 못한다. 말 때문에 시끄러워지기도 하고 말 한마디 잘해서 죽었다 살아나기도 한다. 사이 좋게 잘 지내다 말 한마디 잘못해서 사납게 싸울 수도 있다. 그래서 장부일언중천금丈夫一言重千金이라 한 것이다. 주장자는 물의 깊이를 재기도 하고 짐승을 쫓는 데 쓰기도 한다. 이 주장자와 같은 무게있는 말 한마디, 할 말과 해서는 안될 말을 잘 가려야 하는 것이다.

부처님 당시, 주리반특가의 수행과 깨달음은 말과 생각과 행동을 조심해야 한다는 것을 일깨우고 있다.

티끌을 털고 때를 닦아 없애리

어느 날, 부처님이 정사의 문을 막 나가려 했을 때 문 밖에서 큰 소리로 우는 사나이가 있었다. 부처님은 괴이하게 생각하여 나가 보니, 여러 사람이 바보 취급을 하는 주리반특가였다. 부처님은 주리반특가의 옆으로 가 물었다.

"왜 울고 있느냐?"

"세존이시여, 저는 품성이 우둔하여 사형이 가르쳐 준 게송을 도저히 외울 수 없었습니다. 사형은 제가 희망이 없으니 집으로 돌아가라고 문밖으로 저를 쫓아냈습니다. 그리하여 어찌할 줄을 몰라 울고 있습니다."

"그런 것은 걱정하지 않아도 좋다. 내가 있는 곳으로 오너라. 자기가 어리석은 것을 스스로 아는 자는 지혜로운 자이다. 어리석은 자는 자기는 지혜롭다고 스스로 말한다. 그리고 그렇게 말하는 것은 참으로 어리석은 것이다."

부처님은 주리반특가를 처소로 데리고 가 아난을 시켜 가르치도록 했다. 그러나 아난도 손을 쓸 수가 없었다. 그리하여 부처님은 스스로 두 개의 짧은 글을 가르치고 외게 했다. 그것은 "티끌을 털고 때를 닦아 없애리."라는 글귀였다. 그러나 그는 그 글귀마저 외울 수가 없었다.

모든 사람은 새삼 주리반특가의 우둔함에 놀래고, 그에게는 더 이상 바랄 수가 없다고 이야기했다. 그러나 세존은 희망을 버리지 않았다.

부처님은 주리반특가를 불러서 물었다.

"너는 비구들의 신발을 닦고 소제할 수 있겠느냐?"

"네. 할 수 있습니다."

"그럼 그 일을 해 보아라."

주리반특가는 부처님이 시키는 일을 하고자 했다.

그러나 비구들은 자신이 닦는 것을 수행의 하나로 삼고 있었으므로 주리반특가가 신발을 닦으러 오면 그것을 거절했다. 그것을 본 부처님은 주리반특가를 위하여 비구들이 신발 소제를 거절하지 말도록 주의시켰다. 그리하여 주리반특가가 비구들의 신발을 닦으러 가면 누구나 그에게 동정하여 "티끌을 털고 때를 닦아 낸다."는 글귀를 가르쳐 주었다.

주리반특가는 열심히 신발 소제를 하며 입속으로는 그 글귀를 수없이 되뇌어 드디어는 외울 수 있었다. 그리고 그 글의 뜻도 깨닫게 되었다.

'티끌과 때에는 두 가지 의미가 있다. 하나는 안에서, 또 하나는 밖에서 온다. 밖의 때라는 것은 재와 흙과 와석 등 눈에 보이는 먼지이다. 없앤다는 것은 깨끗하게 하는 것이다. 안의 티끌과 때는 마음의 결박이다. 지혜는 이것을 풀고 없애 마음을 청정하게 하는 것이다.'

주리반특가의 마음속이 밝아지고 이제까지 몰랐던 일들이 알아졌다.

그는 나아가 생각했다. '티끌은 탐욕이다. 흙이나 티끌이란 탐욕이다. 지혜로운 자는 이 탐욕을 없앤다. 이것을 없애지 않으면 부끄러움을 모르는 방일한 자가 되고 이윽고 여러 가지 귀찮은 인연이 생겨 사람을 속박하고 움직일 수 없게 하며 이윽고 지옥으로 떨어지게 한다. 그리고 어리석음도 또한 티끌이다. 지혜있는 자는 능히 이 어리석음을 벗어난다. 그렇지 않으면 부끄러움을 모르는 방일에 빠져 자기와 남을 함께 불행 속에 떨어지게 한다.'

주리반특가는 이 삼독을 없애는 일에 마음과 힘을 기울였다. 본래 천성이 착한 그에게는 이 일에 보통 이상의 소질이 있었다. 비교적 빨리 삼독을 조복한 주리반특가는 애증이 없는 평등한 마음을 갖고 무명의 껍질을 벗어 모든 것을 투시할 수 있게 되어 마음이 확연히 열렸다.

"겨우 알았습니다. 마음속의 티끌을 털고 때를 닦아낼 수 있게 되었습니다."

"어떻게 알았느냐?"

"없앤다는 것은 깨달음입니다. 그리고 때는 마음의 결박입니다."

"착하도다. 잘 깨달았다. 없앰은 깨달음이며 때는 마음의 장애이니라."

비구들은 주리반특가가 드디어 깨달았다는 사실을 알고 놀랬다.
부처님은 말씀하셨다.

"많은 경을 읽어도 그 참된 뜻을 알지 못하면 무익한 것이다. 하나의 법구라도 그것을 참으로 알고 그것을 실행하면 도를 얻을 수 있느니라. 주리반특가를 보아라."

주리반특가는 기원정사 안의 유명한 사문이 되어 사람들로부터 존경을 받게 되었다. 그러나 그는 여전히 모든 사람의 신발을 닦으면서 작은 소리로 외웠다.

"티끌을 털고 때를 닦아 내라."

어느 날 비구니 스님들이 주리반특가에게 법문을 청했지만 보나마나 "티끌을 쓸자, 때를 닦자." 하고 내려올 터이니 우리가 먼저 그 소리를 하여 웃겨보자고 했는데 뜻밖에 주리반특가는 다음과 같은 게송을 설했다.

수구섭의신막범[守口攝意 身莫犯]
여시행지능득도[如是行者 能得道]

입을 잘 지키고 뜻을 잘 거두고, 몸을 함부로 행동하지 말라.
이와 같이 행하는 사람은 능히 도를 얻을 수 있느니라.

법문은 환희심이 나게 하고 신심이 나게 하는 것이다. 약이란 것은 병든 자에게만 필요한 것이다. 병을 낫게 하는 것이 법문이다. 말 한마디 잘하면 옷이나 돈 보다 더 감사한 것이고, 말 한마디 잘못하면 칼이나 몽둥이 보다 더 아픈 것이다. 부드러운 말 한마디가 수십 년을 고맙게 하고, 잔인한 말 한마디가 평생을 서운하게 한다. 상처받은 곳은 곧 아물지만, 고약하고 잔인한 말은 평생을 간다.

다음은 어느 보살님에게 들은 실화이다.

말이 씨가 된 구업

그 보살님은 어린 시절, 부모를 잃고 삼촌 집에서 밥을 해주고 힘들게 살았다. 삼촌 식구들은 조카딸을 너무 혹독하게 부려먹고 구박하기 일쑤였다.

하루는 일부러 그랬는지, 집안에서 돈을 잃어버렸다는 것이다.

며칠 후에는 숙모가 자기 남편을 주려고 삼계탕을 끓였는데, 나중에 보니 양이 줄었다며, 조카딸을 나무랐다.

"니가 먹었지?"

"아뇨, 저는 안 먹었어요."

숙모는 남편과 짜고 "저 년은 몽둥이 맛을 봐야 바른말을 한다."며 쥐어박고 때리기 시작했다. 머리에 피가 흐를 정도로 때리고는 말했다.

"그래도 바른말을 안 하냐, 도둑년아? 저 년은 칼로 맛을 봐야 돼."

숙모는 남편에게 칼을 주면서 목을 따야 한다고 겁을 주었다. 삼촌이 칼을 들고 달려들자, 조카딸은 기절을 하고 말았다.

의식을 깨고 보니 온 몸이 성한 곳이 없었다. 피가 낭자 하고 멍들지 않은 곳이 없었다.

"니가 참 질기다. 왜 도둑질 하고 안 했다고 하느냐?"

이 말 한마디를 조카딸은 잊을 수가 없었다.

그때 나이 15세쯤이었는데, 어린 나이에도 한이 맺혀서 이렇게 다짐을 했다.

'내가 이 집 망하는 꼴을 꼭 봐야겠다.'

그런데 말이 씨가 되었다. 한 생각 일으킨 마음의 씨앗, 즉 '마음씨'가 삼촌집의 운명을 변화시킨 것인지도 모른다. 삼촌은 산에 송이를 따러 갔다가 절벽에 떨어져 죽고 말았다. 단풍이 떨어진 후 석 달 뒤에 시신을 찾았는데, 부인 역시 반신불수가 되어 집안이 망했다.

조카딸은 그 후 한 생각이 운명을 바꾼다는 것을 분명히 알고서 자기로 인해 삼촌이 죽었다고 자책하고, 그때부터 절에 다니기 시작했다. 그래서 이제는 착한 보살이 되었지만, 잔인한 말 한마디가 이토록 평생 지워지지 않는 상처와 재앙이 되고 마는 것임을 알 수 있다. 남의 마음을 괴롭히면 재앙을 받고, 남의 마음을 기쁘고 감사하게 하면 복을 받는 것이다.

어떤 말을 하든 내뱉은 말은 책임을 져야 하고, 꼭 감당할 수 있는 말을 해야 한다. 말을 했다 하면 약속을 지켜야 하고, 지킬 수 없는 말은 삼가야 한다. 이것은 짐승과의 약속도 예외가 아니다. "오늘 저녁에 밥을 줄테니 그때까지 참아라." 했으면, 제 시간에 와서 개밥을 줘야 하는 것이다.

불공할 때 들어가는 정구업진언淨口業眞言, 즉 '수리 수리 마하수리 수수리 사바하'를 누구나 외우고 있을 것이다. 이 뜻을 어느 스님은 "(입을) 수리하고 수리하라. 크게 수리하라. 수도 없이 수리하라. 그리하면 부처님께 사바사바(뇌물)가 되리라." 하고 유머스럽게 풀이하셨다. 이것은 의미있는 법문이기도 하지만, 물론 정답은 아니다. 정구업진언의 본 뜻은 "거룩하십니다. 거룩하십니다. 크게 거룩하십니다. 참으로 거룩하십니다. 그 거룩하심 영원하여지이다." 라는 의미이다.

보살님들은 남편이 퇴근해서 들어오면 다정하게 합장하고 정구업진언으로 한번 찬탄을 해주라.

"여보, 거룩하십니다. 거룩하십니다. 크게 거룩하십니다. 참으로 거룩하십니다. 그 거룩하심 영원하여지이다."

남편이 이상하게 생각하면 그 뜻을 설명해 주기 바란다. 남에게 욕설을 하고 원망하는 입으로 지은 죄는 좋은 말을 많이 함으로써 지워진다. 마치 녹음기에 좋은 말을 새로 녹음하면 그 전의 기록들이 지워지듯이 말이다. 구업을 청소하는 정구업진언을 늘 외우면서 남을 칭찬하고 기분 좋게 하는 말을 많이 하라.

예를 들어, 오랜 만에 보는 사람을 만났을 때, "반갑습니다. 얼굴 좋아 보이시네요. 젊어보이십니다." 라는 말로 기분을 좋게 하고 자신감을 심어줄 수 있다. 기분이 안 좋거나 병이 들었거나 할 때, 이런 말을 들으면 기분 전환이 되고 자신감도 생기기 마련이다.

『잡보장경』에는 약속을 어기지 않은 왕의 한마디 말의 중요성과 서로 칭찬하고 하심하며 아껴준 형제들이 모두 행복하게 잘 살았다는 교훈적인 이야기가 전해온다.

약속을 지킨 십사왕과 화목한 네 아들

그 옛날 십사라는 왕은 네 사람의 왕비를 거느리고 살았다. 첫째 부인은 아들을 낳아 이름을 '라마'라 하였는데, 라마는 뛰어난 용기가 있었고 힘이 장사여서 아무도 당해낼 이가 없었다. 둘째 부인도 아들을 두었는데 '라만'이라 했다. 셋째 부인의 아들은 '바라타'라 불렀고, 넷째 부인의 아들은 '멸원악滅怨惡'이라 했다. 왕은 네 부인 중 셋째 부인을 가장 사랑하고 가까이 했다.

왕은 어느 날 셋째 부인에게 속삭였다.

"나는 지금 내가 가진 모든 것을 당신에게 다 주어도 아깝지 않겠소. 그러니 당신이 원하는 것이 있으면 무엇이든지 내게 말하시오."

부인은 말했다.

"저는 지금 아무 것도 더 바랄 게 없습니다. 이 다음 소원이 있으면 그때 말씀드리겠어요."

왕은 그 소원을 들어주겠노라고 언약했다.

그 뒤 왕은 중병에 걸려 매우 위독하게 되었다. 그래서 태자 라마로 하여금 자기 대신 왕을 삼고 머리에 천관을 씌워 위의와 법도를 왕의 법과 같이 했다. 셋째 부인은 왕의 병을 간호하다가 병이 조금 차도가 있는 것을 보고 자기의 지극한 정성의 공이라 생각했다. 그녀는 라마 태자가 왕위를 계승한 것을 보고 마음에 시기심이 나서 왕에게 전날의 소원을 말했다.

"이제 제 소원을 말씀드리겠습니다. 원컨대 라마를 폐하고 내 아들 바라타를 왕위에 오르게 하소서."

왕은 이 말을 듣자 마치 목구멍에 불덩이가 걸린 것 같았다. 이제 와서 큰 아들을 폐하자니 이미 왕으로 세운 터요, 그냥 두자니 전날 소원에 대한 언약을 저버리게 될 판이다. 십사왕은 젊었을 때부터 단 한번도 약속을 어긴 일이 없었다. 또 왕의 법에는 두 말이 있을 수 없고 먼저 한 말을 지키는 것이 그 도리였다. 왕은 사랑하는 셋째 부인의 소원을 들어주기 위해 라마를 왕위에서 폐하고 그 의복과 천관을 벗겼다.

그때 둘째 아들 라만은 분개하여 폐위된 형에게 말했다.

"형님은 뛰어난 용기와 힘이 있으면서 이런 치욕을 당하십니까?"

형은 대답했다.

"부왕의 뜻을 어기면 불효가 된다. 그리고 셋째 어머니가 우리를 낳지는 않았지만 부왕이 그 분을 사랑하고 아끼시니 우리 어머니와 다름이 없다. 동생 바라타는 성품이 온화하고 유순하여 조금도 다른 생각이 없는데, 지금 내가 폭력으로써 부모와 동생에게 해를 끼칠 수가 있겠느냐."

라만은 이와 같은 형의 말을 듣고서야 잠자코 있었다. 이때 십사왕은 첫째와 둘째 왕자를 나라 밖에 있는 산중으로 보내면서 열두 해가 지난 후에야 본국으로 돌아오기를 허락한다고 명령했다. 라마 형제는 부왕의 명을 받들어 조금도 원한이 없이 부모에게 하직 인사를 올리고 멀리 있는 깊은 산으로 들어갔다.

한편, 바라타 왕자는 이런 일이 있기 전에 다른 나라에 가 있었는데, 곧 돌아오게 하여 왕위에 오르도록 했다. 바라타는 그 전부터 두 형들과 화목하여 공경하던 사이였는데, 본국으로 돌아왔을 때는 부왕이 이미 세상을 떠나버린 뒤였다. 그리고 이런 일이 모두 자기를 낳은 어머니의 소행임을 알고 생모를 원망했다.

"어머님은 어째서 도리에 어긋나는 일을 하여 우리 왕가를 망치려 하십니까."

그리고 큰어머님을 공경하기를 그전보다 훨씬 더 했다. 바라타는 곧 군사를 이끌고 산 속으로 달려갔다. 멀리서 형들이 보이자 혹시나 형들을 죽이려 한다는 오해를 사지 않기 위해 군사들을 그곳에 머물게 하고, 혼자서 형들 앞으로 걸어갔다.

바라타가 형에게 말했다.

"형님은 어서 본국으로 돌아가 나라를 맡아 다스려 주시기 바랍니다."

형은 대답했다.

"우리는 일찍이 부왕의 명을 받들어 이 곳으로 왔는데 지금 어떻게 돌아가겠느냐. 만약 우리 마음대로 한다면 그것은 사람의 자식된 도리가 아닐뿐더러 부모에게 불효가 될 것이다."

아우는 몇 번이고 간청하였지만 형의 뜻은 갈수록 굳어 조금도 움직이지 않았다. 아우는 형의 마음을 돌이킬 수 없음을 알고 형이 신던 가죽신을 얻어 가지고 본국으로 돌아왔다. 새로 왕위에 오른 바라타는 그 가죽신을 옥좌에 올려놓고 아침 저녁으로 문안드리기를 마치 형을 대하듯 했다. 뿐만 아니라 자주 그 산으로 사신을 보내어 형들이 돌아오기를 청하였지만, 그때마다 기한이 되기까지는 부왕의 뜻을 어길 수 없다고 하면서 그 뜻을 지켰다. 그 뒤 몇 해가 지나도록 한결같이 자주 사신을 보내어 돌아오기를 간절히 청했다. 형은 왕이 가죽신 공경하기를 형 대하듯 한다는 말을 전해 듣고 아우의 지극한 정성에 마음이 움직여 마침내 본국으로 돌아오게 되었다. 그들이 돌아왔을 때 바라타왕은 왕위를 사양하여 형에게 돌려주려 하였으나 형도 사양했다.

"형님은 맏아들입니다. 부왕의 위업을 이어받아야 할 분은 바로 형님이십니다."

이와 같이 서로 사양하다가 할 수 없이 형이 다시 왕위에 올랐다. 그들은 형제끼리 우의가 돈독하고 화목하였으므로 그 덕화는 나라 안에 널리 떨쳐져, 백성들끼리도 서로 받들어 섬기면서 효도하고 화목했다. 인심이 순후하니 비·바람도 순조로와 나라 안은 가는 곳마다 오곡이 풍성하고 질병이 없어 태평성세를 누리게 되었다.

부모 형제들이 권력과 돈, 명예를 차지하기 위해 서로 비방하고 중생모략 하는 오늘 같은 세상에 이러한 법문은 감로수와도 같은 교훈을 준다. 오늘날 정치인들이 이러한 가르침을 꼭 듣고 마음에 새기어 모든 국민이 잘 사는 나라를 만들어야 할 것이다.

불자여, 보살 마하살이 열 가지 마음이 있으니 무엇이 열인가.

이른바 땅과 같은 마음이니, 일체 중생의 모든 착한 뿌리를 유지하여 증장케 하는 까닭이니라.

큰 바다 같은 마음이니, 모든 부처님의 한량없고 그지없는 큰 지혜의 법물이 다 흘러 들어오는 까닭이니라.

수미산과 같은 마음이니 일체 중생을 출세간에서 가장 높은 착한 뿌리에 두는 까닭이니라.

마니보배[摩尼寶貝]와 같은 마음이니 욕망이 청정하여 물들지 않는 까닭이니라.

금강과 같은 마음이니 결정코 모든 법에 깊이 들어가는 까닭이니라.

금강둘레산[金剛圍山]과 같은 마음이니 마와 외도들이 흔들리지 못하는 까닭이니라.

연꽃과 같은 마음이니 모든 세간 법이 물들이지 못하는 까닭이니라.

우담바라꽃과 같은 마음이니, 모든 겁에서 만나기 어려운 까닭이니라.

밝은 해와 같은 마음이니, 어둠을 깨뜨리는 까닭이니라.

허공과 같은 마음이니 측량할 수 없는 까닭이니라.

이것이 열 이니, 만일 보살들이 이 법에 편안히 머물면 여래의 위없이 매우 깨끗한 마음을 얻느니라.

불자여, 보살 마하살이 열 가지 마음을 냄이 있으니, 무엇이 열인가.

이른바 내가 마땅히 일체 중생을 제도하리라는 마음을 내며, 내가 일체 중생들로 하여금 번뇌를 끊게 하리라는 마음을 내며, 내가 일체 중생으로 하여금 습기를 없애게 하려는 마음을 내며, 내가 마땅히 일체 중생의 괴로움을 없애려는 마음을 내며, 내가 마땅히 모든 나쁜 길과 어려움을 없애려는 마음을 내며, 내가 마땅히 모든 여래를 공경하고 따르려는 마음을 내며, 내가 마땅히 모든 보살이 배우는 것을 잘 배우리라는 마음을 내며, 내가 마땅히 모든 세간의 털끝만한 곳마다 모든 부처님이 바른 깨달음 이루는 일을 나타내리라는 마음을 내며, 내가 마땅히 모든 세계에서 위 없는 법고[法鼓]를 쳐서 중생들로 하여금 제각기 근성을 따라서 다 깨닫게 하려는 마음을 내느니라.

이것이 열이니, 만일 보살들이 이 법에 편안히 머물면 여래의 위없는 능한 일을 하려는 마음을 내게 되느니라.

이 마음을 산과 같이, 바다와 같이, 대지와 같이 쓰는 것이 보살의 마음이다. 대지는 똥, 오줌을 기름진 거름을 만들듯이 이와 같이 거룩하고 넓은 중생을 살리는 마음이 보살의 마음인 것이다.

권병우 재일 대한부인회 상임고문의 감동적인 삶은 바로 보살의 마음으로 살아가는 것이 어떤 지를 보여준 한 예가 될 것이다.

그녀는 19세의 꽃다운 나이에 결혼했는데 4년 뒤 남편이 바람을 피워서 데려온 젊은 여자와 1년 8개월 동안 같은 집에 살면서도 내색 한번 없이 정성껏 남편을 봉양했다. 이같이 용서와 인욕의 시간을 한결같이 보내자 마침내 그 여자도 감복하고 말았다.

그녀는 "언니는 이 세상 사람이 아닌 것 같아요. 이렇게 못된 짓을 한 제가 천벌을 받을 거예요. 이젠 제가 떠나오니, 부디 마음 편히 행복하게 사세요."라는 편지를 남기고, 남편과 헤어졌다는 일화가 있다. 남편의 첩을 미워한 것이 아니라 역지사지 易地思之 하는 심정으로 안타까워 하고 보살펴 준 보살의 마음이 그녀를 진심으로 참회시킨 것이다.

20만 재일교포 부인들을 이끌어 온 권 보살님은 정신대문제의 법적 해결을 위해 국회에서 연설도 하고 남북화해에도 기여해 5·16

민족상을 수상한 분이다. 88올림픽 때 재일교포들이 모은 수백억 원의 성금을 보내준 공로로 체육훈장 맹호장을 받기도 했다. 또 재일교포들의 돈을 모아 지원하여 전국 유명 관광지의 화장실을 개조하여 주었다. 또한 권보살님은 국민훈장 무궁화장을 받고 여성으로는 처음으로 재일거류민단 부단장으로 추대를 받으신 분이다. 백년도 못 살고 가는 인생人生이지만 가정을 위하고 국가와 국민을 위하여 열심히 살고가신 분의 몸은 비록 떠났지만 그 숭고한 정신과 마음은 우리들의 가슴과 머릿속에 오래도록 기억될 것이다.

권 보살님의 희생적인 삶과 자녀교육에 대한 생각이 일기장 형식으로 쓰여진 『바람과 코스모스』라는 책에 잘 기록되어 있다.

부처님의 위대한 공덕은 불가사의해서 말이나 글,

형상으로는 표현을 못한다.

그렇게 어마어마한 공덕을 어떻게 성취할 수 있느냐?

보현보살과 선재동자의 문답은

이에 대한 궁금증을 해결해 준다.

보현보살의 열 가지 행원과 실천

『대방광불화엄경』「보현행원품(普賢行願品)」은 화엄경의 골수이자 핵심이며, 뿌리에 해당한다. 보현행원품은 불가사의한 해탈경계(不可思議解脫境界)로 들어가기 위해 한량없는 실천을 다짐하는 보현보살의 10가지 행원(行願)을 설한 품이다.

부처님의 위대한 공덕은 불가사의해서 말이나 글, 형상으로는 표현을 못한다. 그렇게 어마어마한 공덕을 어떻게 성취할 수 있는가? 보현보살과 선재동자의 문답은 이에 대한 궁금증을 해결해 준다.

보현보살이 부처님의 거룩한 공덕을 찬탄하고 나서 여러 보살과 선재동자에게 말씀하셨다.

"선남자여, 부처님의 공덕은 비록 시방세계 모든 부처님들께서 수없이 많은 세월을 두고 계속하여 말씀할지라도 끝까지 다하지는 못할 것이니라.

만일 그러한 공덕을 성취하려면 열 가지 크나큰 행원을 닦아야 하느니라.

그 열 가지 행원이란

첫째는 모든 부처님께 예배하고 공경함이요

둘째는 부처님의 덕행을 찬탄함이며

셋째는 여러 가지로 공양함이요

넷째는 지은 허물을 참회함이요

다섯째는 남의 공덕을 같이 기뻐함이요

여섯째는 설법해 주기를 청함이요

일곱째는 부처님이 세상에 오래 계시기를 청함이며

여덟째는 부처님을 본받아 배움이요

아홉째는 이웃의 뜻에 따름이며

열째는 모두 다 돌려줌이니라."

우리는 보현보살이 설하신 10가지 행원을 실천해야만 부처님의 공덕을 성취할 수 있음을 알아야 한다. 부처님의 가르침은 하나같이 중생을 사랑하는 관점에서 설해졌다. 하지만 『화엄경』 '보현행원품' 만큼 철저하게 중생을 사랑하는 입장에서 설해진 경전도 드물다. "중생으로 인해 부처님이 있고 중생으로 인해 불법이 있다."

라고 할 만큼 '보현행원품'은 철저하게 중생 중심의 가치관을 견지하고 있기 때문이다.

우리는 불법을 믿지만 종종 어떤 관점에서 실천하고 어떤 가치관을 가지고 살아야 할지 모르는 경우가 많다. 그럴 때 '보현행원품'은 우리가 어떤 가치관을 가지고 불법을 믿어야 할지, 그리고 어떻게 실천해야 할 것인지를 너무나도 명확하게 보여주고 있다.

먼저, '모든 부처님께 예경하고 공경하겠다.'는 첫 번째 보현행원이다.

보현보살은 선재동자에게 다음과 같이 말씀하셨다.
"선남자여, 부처님께 예배하고 공경한다는 것은 온 법계, 허공계, 시방삼세 모든 부처님 세계의 수없이 많은 부처님들께 보현의 수행과 서원의 힘으로 깊은 신심을 내어 눈앞에 뵈온 듯이 받들고 청정한 몸과 말과 뜻으로 항상 예배하고 공경하는 것이니라. 낱낱 부처님께 수없이 많은 몸을 나타내어 수많은 부처님께 두루 예배함이니라. 허공계가 다해야 나의 예배와 공경도 다하겠지만 허공계가 다할 수 없으므로 나의 이 예배와 공경도 다함이 없느니라.

이와 같이 우리들 이웃의 세계가 다하고 이웃의 업이 다하고 이웃의 번뇌가 다해야 나의 예배도 다하겠지만 우리들 이웃과 이웃의 번뇌가 다함이 없으므로 나의 이 예배와 공경도 다함이 없느니라. 순간마다 계속하여 끊임 없어도 몸과 말과 뜻에는 조금도 지치거나 싫어함이 없느니라."

　참된 예배의 공덕은 일체중생을 부처님으로 보는 눈을 갖추는 것이다. 미운 사람, 잘못한 사람의 부족한 부분이 보인다면 오히려 자신이 무엇인가 공부가 부족한 증거이다. 남편과 아내를 부처님, 관세음보살님으로 볼 줄 알아야 제대로된 예배가 된 것이다.
　"제불공양諸佛供養이 중생공양衆生供養이요, 중생공양이 제불공양이라. 능히 중생을 수순隨順함이 곧 모든 부처님을 수순하며 공양함이 되고, 만약 중생을 존중히 받들어 섬기면 곧 여래를 존중히 받들어 섬김이 되며, 만약 중생으로 하여금 환희심이 나게 하면 곧 일체 여래로 하여금 환희하시게 함이니라."
　보현행원품의 '수순분' 말씀이다. 중생에게 공양함이 곧 부처님께 공양함이란 말씀을 믿어야 한다. 그러니 자신의 아만을 꺾고 콧대를 낮추고 목에 힘을 빼고 하심하는 공부를 해야 하는 것이다. 이러한 마음가짐으로 오랫동안 한결같이 공부해 나가면 언제든 남을 존중하고 예배하는 보살이 될 것이다.

다음은 보현행원의 두 번째, 부처님을 찬탄하는 것이다.

선남자여, 부처님을 찬탄한다는 것은 무엇인가?
온 법계, 허공계, 시방삼세 모든 불국토에 수없이 많은 부처님이 계시는데 부처님 계신 데마다 보살들이 둘러싸 모시고 있느니라. 그분들을 내가 깊고 뛰어난 지혜로써 눈앞에 나타난 듯 알아보고 음악의 여신인 변재천녀보다도 더 뛰어난 변재로써 부처님의 모든 공덕을 찬탄하며 모든 세월이 다하도록 계속하여 끝나지 않고 법계가 끝날 때까지 두루 하는 것이니라.

이와 같이 하여 허공계가 다하고 이웃의 세계가 다하고 이웃의 업이 다하고 이웃의 번뇌가 다해야 나의 찬탄도 다하겠지만, 허공계와 우리 이웃들 번뇌가 다할 수 없으므로 나의 찬탄도 다함이 없느니라. 순간마다 계속하여 끊임 없어도 몸과 말과 뜻에는 조금도 지치거나 싫어함이 없느니라.

보현행자는 자기 허물을 들추고 남의 장점을 칭찬하는데 인색하지 말아야 한다. 저쪽에서 칭찬이 나오면 나도 찬탄하지만, 저쪽에서 비방이 나오기만 하면 곧바로 칭찬을 중단하고 만다. 뭔가 남에게 베풀어도 알아주지 않으면 실망하고 마는 것이 중생이다. 하지만 '보현행원품'은 끝없는 칭찬을 하라고 설하고 있다. 허공과 중생이 다하고 번뇌와 업이 다하고 세상의 종말이 올 때까지 찬탄하라는 것이다. 피곤하거나 싫어하지 말고 미래제未來際가 다하도록 칭찬을 쉬지 말라는 것이다.

불공이란 물질과 돈, 떡, 향, 꽃뿐만 아니라 말 한마디도 불공이 된다. 최고의 불공은 얼굴에 짜증 안 내는 것, 입으로 악담하지 않는 것이 돈 안들이고 불공하는 것이다. 입으로 남을 찬탄하는 것은 마치 묘한 향을 토해내는 것과도 같다.

똑같은 일에 대해 한 사람은 비방을 하고, 한 사람은 찬탄을 했다면 그 과보는 어떻게 될까?

부처님과 승가를 찬탄하고 비방한 과보

부처님 당시에, 파사익왕이 만조백관滿朝百官이 보는 앞에서 부처님과 1,250인의 제자들께 공양을 올렸다. 많은 스님들이 기러기 행렬처럼 일사분란하게 엄숙한 표정으로 시내를 걸어가는 장엄한 모습을 보고 많은 국민들이 넋을 잃었다.

이때 마침 상인 두 사람이 지나가다가 이 모습을 보았다.

그 중 한 사람이 이렇게 찬탄했다.

"사람이 도를 깨쳐 부처님이 되면 저토록 위대하신가 보다. 임금님이 무릎을 꿇고 부처님께 공양을 올리는 모습이 마치, 대왕에게 신하가 공경하는 모습과 같구나. 해와 달처럼 부처님은 사람 중에 가장 으뜸인 분이시다."

그러자, 이 소리를 듣고 있던 다른 상인이 말했다.

"별 놈의 소리를 다 듣겠네. 부처가 별거야? 부모와 자식을 버리고 중이 된 사람이 걸어가는 모습은 마치 장사꾼이 수레에다 짐을 잔뜩 싣고 먼 길을 가는 고달픈 나그네와 같구나. 대왕이 땅바닥에 이마를 대고 부처에게 절을 하는 것은 임금답지 못하다."

그날 저녁, 두 상인은 하룻밤을 같이 자면서 여관에서 인사불성이 되도록 술을 마셨다. 부처님을 비방한 상인은 그날따라 여관방이 너무 더워 여관 밖으로 나가서 술에 취해 자다가 이른 새벽, 짐을 잔뜩 실은 마차에 치여 죽고 말았다.

다른 한 명의 상인은 그 일이 있은 뒤, 다른 동네로 수레를 끌고 장사를 하기 위해 떠났다. 그런데 마침, 두 나라에서 한 임금을 공동으로 추대하려다가 적임자가 없자 두 나라 밖의 인물을 왕으로 추대하자는 의견이 모아졌다. 이때 우연히 두 나라의 경계선으로 수레를 끌고 가던 이 상인은 졸지에 왕으로 추대되었다.

이 상인은 엊그제 부처님의 거룩한 모습을 보고 찬탄한 공덕만으로 나라의 임금이 된 것이다. 이 모든 게 부처님을 찬탄한 공덕임을 안 상인은 수레 세 대에 가득히 공양물을 싣고 부처님을 찾아가 감사의 공양을 올렸다.

부처님은 이 상인을 보고 게송을 읊었다.

"마음은 모든 일의 근본이 된다.
마음 속에 악한 일을 생각하면
말과 행동 또한 그러하여서
죄와 고통이 수레바퀴처럼 따르느니라.

마음은 모든 일의 근본이 된다.
마음 속에 착한 일을 생각하면
말과 행동 또한 그러하여서 복과 즐거움이
그림자가 형상을 따르듯 하느니라."

위의 상인은 부처님이 마치 대왕 같다고 찬탄하여 실제로 자기가 왕이 되었다. 말이 씨가 되어 뿌린 대로 좋은 과보를 받은 것이다. 그러니 우리들은 "개 같은 놈, 빌어먹을 놈"과 같은 악담을 절대 해서는 안된다. 언제든 칭찬을 아끼지 말아야 하는 것이다.

똑같은 말이라도 '아' 다르고 '어' 다른 것이다. 예를 들어 할머니의 이가 많이 빠졌을 경우, "할머니, 많은 이 가운데 세 개 밖에 안 빠졌네요." 이렇게 말씀드리면 듣는 분의 기분이 전혀 다른 것이다. 장미꽃이 피었을 때도 "가시나무에도 이렇게 아름다운 장미꽃이 피었구나." 하는 것과 "이런 꽃나무에 뭔 놈의 가시가 이렇게 많아." 하는 것은 전혀 어감이 다른 것이다.

아름다움과 추함은 한 공간 안에 존재하고, 행복과 불행은 한 장소에 놓여있다. 세상 모든 만물과 현상은 고정된 모습이 아니라 우리들이 보는 시각에 따라 변하기 때문이다. 세상은 전적으로 자기가 어떤 마음의 눈으로 보느냐에 달려 있다. 이제 오염된 마음을 깨끗이 닦고 밝은 생각, 맑은 눈으로 세상을 바라보라. 아직도 세상은 참 아름다운 곳이어서 비난 보다는 찬탄할 일이 훨씬 많다.

이처럼 같은 사물, 같은 일을 놓고도 칭찬과 비방으로 갈리듯이, 듣는 사람의 기분이 좋고 말하는 사람에게는 업이 되지 않도록 복을 짓게 하는 것이 '보현행원품'인 것이다.

다음은 '공양'에 대한 보현행원이다.

선남자여, 또 여러 가지로 공양한다는 것은 무엇인가.

온 법계, 허공계, 시방삼세 모든 불국토에 수 없이 많은 부처님이 계시는데 부처님 계신 데마다 온갖 보살들이 둘러싸 모시고 있느니라. 내 보현의 수행과 서원의 힘으로 깊은 믿음과 지혜를 일으켜 그분들을 눈앞에 나타난듯 알아보며 여러 가지 훌륭한 공양물로 공양하느니라.

이른바 꽃과 꽃타래와 천상의 음악과 천상의 일산과 옷과 여러 가지 천상의 향들 즉 바르는 향, 사르는 향, 가루향 등 이와 같은 것들의 낱낱 무더기가 수미산만 하며 여러 가지로 켜는 등불은 우유등, 기름등, 향유등인데 심지는 각각 수미산과 같고 기름은 바닷물과 같으니라. 이런 여러 가지 공양물로 항상 공양하느니라.

선남자여, 그러나 모든 공양 가운데 법공양이 으뜸이니라.

부처님 말씀대로 수행하는 공양과 이웃들을 거두어 주는 공양과 이웃들의 고통을 대신 받는 공양과 착한 일을 하는 공양과 보살의 할 일을 버리지 않는 공양과 보리심을 여의지 않는 공양 등이 바로 그것이니라.

선남자여, 앞서 말한 꽃, 음악, 옷, 향, 등불로써 공양한 그 공덕을 잠깐 동안 법으로 공양한 공덕과 비교한다면 그 백 분의 일에도 미치지 못하고 천 분의 일에도 미치지 못하며 백천만 분의 일에도 미치지 못하느니라. 왜냐하면, 부처님은 법을 존중하기 때문이며 부처님 말씀대로 수행함이 곧 부처님을 출현케 하는 일이고 보살들이 법공양을 행하면 이것이 곧 부처님께 공양하는 것이나 다름없기 때문이니라. 이와 같이 수행함이 참다운 공양이니라.

넓고 크고 가장 훌륭한 이 공양은 허공계가 다하고 우리들 이웃의 세계가 다하고 이웃의 업이 다하고 이웃의 번뇌가 다해야 나의 공양도 다하겠지만 허공계와 이웃의 번뇌가 다할 수 없으므로 나의 공양도 다하지 않느니라. 이와 같이 순간마다 계속하여 끊임없어도 몸과 말과 뜻에는 조금도 지치거나 싫어함이 없느니라.

이 법문은 공양 가운데 수행하고 중생을 이롭게 하는 법공양이 최고의 공양임을 말하고 있다.

부처님 당시에 부처님의 사촌동생 뻘인 제바닷타는 인물이 출중한 비구였는데 수십 년간 부처님을 애먹이고 말썽을 부리더니 부처님이 연로해지자 "형님은 오랫동안 교주를 하셨으니, 이제 전권을 나에게 물려주십시오." 하고 말한다.

그러자 부처님은 이렇게 말씀하셨다.

"이 법은 물건을 주고 받듯 하는 것이 아니다. 진리에 눈을 뜨면 자동적으로 교주가 되는 것이다. 진리를 깨닫지 못하면 맹인이 사람들을 인도하는 격이니, 너는 교주가 되어서는 안된다."

그러자 데바닷타는 승려들을 이끌고 상두산으로 들어가 교주가 되었다. 다음은 상두산으로 출가한 비구니의 법공양 인연담이다.

지혜와 자비로 구제받아 아라한이 된 모자

부처님께서 살아계실 때 아름다운 여인 쿠마라 카삿파의 어머니는 어릴 적에 이미 세상사의 무상과 무의미를 느끼고 불법을 배우고자 출가하려고 했지만 부모의 반대로 뜻을 이루지 못했다. 부모의 반대를 피하기 위해 시집을 가서 출가하고자 결심한 그녀는 훌륭하고 매력적인 아내로서 가정 생활을 잘 꾸려나갔다. 그리고 그녀는 임신을 하게 되었지만 그 사실을 알지 못했고, 그녀는 남편에게 출가의 뜻을 밝히고 허락을 받았다.

결국 그녀는 비구니 승원에서 행복하게 수행 생활을 하게 되었다. 그런데 어느 날 주위의 동료가 그녀가 임신한 사실을 알게 되었고, 그녀는 "출가하기 전에 가진 아이이며 출가 이후에는 순결하게 생활을 하였다."고 설명했다. 그렇지만 데바닷타는 사람들이 자신과 자신의 교단을 다음과 같이 비난할 것이 두려웠다.

'만약 내가 이 비구니의 결백을 수용하고 내 밑에 머물게 허락하면 사람들은 데바닷타 제자 중에 한 비구니가 임신을 하였다고 비난할는지 모른다.'

그리하여 데바닷타는 그녀를 추방해 버렸다. 추방당한 그녀는 부처님께 찾아갔다. 부처님은 지혜의 눈으로 그녀의 사정을 아시고 자비로운 방편을 냈다. 만약 그녀를 받아들이면 외도들이 그녀의 임신을 이용하여 "붓다와 그의 제자들은 청정하지 못하며 음란하다."라고 하며 붓다와 그 제자들을 비난할 것을 예상하시고, 많은 사람들 앞에서 이 문제를 분명히 하고자 했다.

그녀의 진실을 가리기 위한 모임에는 비구와 비구니뿐만 아니라 왕과 대신들도 초대되었고 명망있는 재가신도들도 모이게 되었다. 부처님은 율에 정통한 우팔리 비구로 하여금 이 문제를 다루도록 했다. 우팔리는 현명한 재가 여성 신도 한 사람에게 정확하게 임신이 출가 전에 일어난 것인지 출가 후에 이루어진 것인지 계산해

달라고 부탁했다. 그녀는 임신한 비구니의 상태를 조사한 후 출가 전에 임신한 것이라고 사람들에게 알렸다. 진실이 밝혀지고 그녀는 승원에서 수행하는 것이 허락되었고, 이후 사내아이를 낳게 되었다.

어느 날 왕이 승원을 지나다가 아이 울음소리를 듣고 '출가 생활에 아이는 장애가 된다.'고 생각하여 왕궁으로 데리고 가서 키웠다. 이 아이는 영특하여 일곱살에 출가하여 불법을 배워 아라한이 되었고, 그의 어머니 쿠마라 카삿파도 역시 아라한이 되었다. 부처님의 지혜롭고 자비스러운 방편에 의해 두 모자는 혹독한 곤경에서 구출되어 아라한이 된 것이다.

그런데 부처님은 전생에도 이 두 모자를 구했다고 설하고 있다.

이러한 일이 있은 후 모든 출가 비구니는 출가하여 승단에 들어오면 식차마나니계를 우선 받고 청정한 수행생활 20개월이 지나야 비구니계를 받을 자격을 얻을 수 있게 되었다.

황금빛 사슴왕의 자비

아주 먼 과거에 부처님은 아름다운 황금빛 사슴으로 태어났다.

자라서 500마리의 사슴을 거느리는 '반얀'이라는 이름의 사슴왕이 되어 숲속에서 살았다. 이 숲에는 역시 500마리의 사슴을 거느리는 '원숭이 사슴왕'이라는 사슴왕도 있었다.

베나레스의 왕은 사슴사냥에 탐닉하여 매일 백성들을 불러 함께 사냥을 했다. 백성들이 자신들의 생업이 사냥으로 방해받자 숲속의 사슴들을 커다란 울타리 내에 가두어 두고 왕이 마음대로 사냥을 하게 했다. 왕은 두 마리 사슴왕만은 죽이지 말도록 하였으나, 직접 와서 다른 사슴들을 활로 쏘아 죽이기도 하고, 그의 요리사가 와서 사슴을 죽이기도 했다.

반얀 사슴왕은 생각했다.

'울 안에 잡혀 있는 사슴들은 결국 모두 죽을 것이다. 그런데 불필요하게 활을 맞고 구타 당하며 고통스럽게 죽어간다. 활을 보고 사슴들은 이리저리 무서워 달아난다. 차라리 하루에 한 마리씩 순번을 정해 스스로 돌에 부딪혀 죽는 것이 더 낫겠다.'

반얀왕은 다른 사슴왕에게 자신의 생각을 전하고 동의를 받았다. 하루는 반얀 사슴 무리 중에서 한 마리가 뽑혀 스스로 목숨을 끊고, 또 다른 하루는 원숭이 사슴 무리 중에서 뽑혀 나갔다. 이렇게 번갈아 가며 사슴이 한 마리씩 죽어가던 중 새끼를 밴 어미 사슴의 차례가 되고 말았다. 이 어미 사슴은 원숭이 사슴왕에게 찾아가 임신 때문에 자신의 차례를 뒤로 미루어 달라고 간청했다. 그러나 원숭이 사슴왕은 어쩔 수 없노라고 하며 그 간청을 물리쳤다.

어미 사슴은 반얀왕에게 찾아가 자신의 사정을 이야기했다. 반얀왕은 그녀의 차례를 뒤로 미루어 주겠으니 걱정하지 말라고 위로한다. 반얀왕은 그날 자신이 직접 그녀를 대신하여 돌에 부딪혀 드러누웠다. 신하가 반얀왕이 죽어가고 있는 것을 보고 왕에게 달려가 알렸다. 베나레스의 왕은 즉각 반얀왕에게 가서 왜 이렇게 되었는지 물었다. 어린 아이를 가진 어머니 사슴을 대신하여 자신이 오는 순서가 되어 이렇게 되었다는 반얀왕의 말에 왕은 감탄했다.

"오! 황금빛 사슴왕이여! 이전에 어느 누구도 그대처럼 친절, 관용, 사랑으로 가득찬 이는 보지 못했구나. 나는 그대의 사랑에 감동되어 그대와 그 어머니 사슴의 생명을 구해주고자 허락하노라."

왕은 이후, 생명의 소중함을 깨닫고 백성들로 하여금 함부로 사냥하지 말라고 명령을 내렸고 백성들을 잘 다스렸다. 반얀 사슴왕의 아름다운 행위로 많은 생명들이 구제된 것이다.

이 인연담은 위대한 한 사람의 희생이 얼마나 많은 이에게 선한 이익을 선사하는지를 가르치고 있다. 부처님의 위대한 자비는 모든 중생들, 특히 어려움에 처해 있는 중생들에게 미치고 있다. 이 전생담을 통해 많은 중생에 이익을 주고 남의 괴로움을 대신 받는 법공양의 공덕을 깨닫기 바란다.

다음은 지은 허물을 참회하는 보현행원이다.

선남자여, 지은 허물을 참회한다는 것은 무엇인가.
보살은 스스로 이렇게 생각하고 다짐하느니라.
"내가 지금까지 오랜 세월을 두고 살아오면서 탐내고 성내고 어리석은 탓으로 몸과 말과 뜻으로 지은 악한 업이 한량없고 끝이 없을 것이리니, 만일 그 악한 업에 어떤 형체가 있다면 끝없는 허공으로도 그것을 다 받아들일 수 없을 것이오리다.

내가 이제 몸과 말과 뜻의 청정한 업으로 법계에 두루 계시는 부처님과 보살님들 앞에 지성으로 참회하고 다시는 악한 업을 짓지 않으며 항상 청정한 계율의 모든 공덕에 머물러 있으오리다.

이와 같이 허공계가 다하고 우리들 이웃의 세계가 다하고 이웃의 업이 다하고 이웃의 번뇌가 다해야 나의 참회도 다할 것이지만, 허공계와 이웃의 번뇌가 다할 수 없으므로 나의 참회도 다하지 않느니라. 순간마다 계속하여 끊임없어도 몸과 말과 뜻에는 조금도 지치거나 싫어함이 없느니라."

나는 참회의 기본정신을 우주만물에 항상 감사하고 모든 인류와 모든 생명들의 행복을 빌어주고 같이 성불하기를 염원하는 행위이며 모든 불보살들께 고맙고 감사하는 마음으로 하루도 빠짐없이 인사 올리며 살아가는 기본자세라고 생각한다.

아침에 일어나면 세수하고 양치하고 몸과 마음 가다듬어 하루를 시작하듯 예불 참회도 반드시 빠뜨려서는 안 되는 최소한의 예의와 원칙이라고 생각한다. 생활하다가 아이들이 잘못했더라도 매질이나 큰 고함소리보다는 조용한 참회를 통하여 스스로 잘못을 느끼고 새로운 마음이 싹트도록 하는 것이 더욱 효과적인 방법이 아닐까 생각된다.

한번 불·보살의 가피를 입으면 세상을 살아가는 데 자신감이 생기고 회향하며 사는 법을 알게 된다. 참회수행의 방법이 많지만, 나는 절을 우선적으로 권하고 싶다. 절을 많이 해서 가피력을 입으면 업장과 재앙이 소멸되고 복을 불러오게 된다. 죄가 소멸되면 다시 재앙이 들어오는 일이 드물고 더 많은 공덕을 쌓을 수가 있다.

참회는 모든 수행의 근본으로서 마음을 비우는 탁월한 효과가 있음을 명심하기 바란다.

다음은 중생의 뜻을 따르는 보현행원이다.

선남자여, 중생의 뜻에 항상 따른다는 것은 무엇인가.

온 법계·허공계·시방세계의 중생이 여러 가지 차별이 있어 알에서 나고 태나 습기에서 나고 혹은 저절로 나기도 하는데 그들은 땅과 물과 불과 바람을 의지하여 살기도 하고 허공을 의지하여 살기도 하며 풀과 나무를 의지하여 살기도 하느니라. 여러 가지 생류와 여러 가지 몸과 형상·모양·수명·종족·이름·성질·소견·욕망·뜻·행동·의복·음식 등으로 살아가느니라. 여러 시골의 마을과 도시의 큰 집 혹은 궁전에서 살기도 하며 그들은 또 하늘과 용, 팔부八部신중과 인비인들이기도 하느니라.

발 없는 것, 두 발 가진 것, 네 발 가진 것, 여러 발 가진 것, 형체 있는 것, 형체 없는 것, 생각 있는 것, 생각 없는 것, 생각 있는 것도 생각 없는 것도 아닌 것들 모두에게 내가 순종하여 여러 가지로 섬기고 공양하기를 마치 부모와 같이 하고 스승과 같이 받들며 아라한이나 부처님과 다름없이 받드느니라. 병든 이에게는 의사가 되어 주고 길 잃은 이에게는 바른 길을 가리켜 주며 어둔 밤에는 등불이 되고 가난한 이에게는 재물을 얻게 하느니라. 이와 같이 보살은 모든 중생을 평등하고 이롭게 하느니라.

왜냐하면, 보살이 중생의 뜻에 따르는 것은 곧 부처님께 순종하여 공양하는 일이 되고 중생을 존중하여 받드는 것은 곧 부처님을 존중하여 받드는 일이 되며 중생을 기쁘게 하는 것은 곧 부처님을 기쁘게 하는 일이 되느니라. 부처님은 자비심으로 근본을 삼기 때문이니라.

중생으로 인해 큰 자비심을 일으키고 자비심으로 인해 보리심을 내고 보리심으로 인해 깨달음을 이루는 것이니라. 그것은 마치 넓은 벌판에 서 있는 큰 나무의 뿌리가 수분을 받으면 가지와 잎과 열매가 무성하듯이 생사 광야의 보리수도 이와 같으니라.

모든 이웃은 뿌리가 되고 부처님이나 보살들은 꽃과 열매가 되며 자비의 물로 이웃들을 이롭게 하면 그 위 없는 깨달음을 성취하는 것이므로 보리는 이웃에게 달린 것이며 중생이 없다면 보살은 끝내 깨달음을 이루지 못할 것이니라.

선남자여, 그대는 이 이치를 분명히 알아야 하느니라.

중생에게 마음을 평등히 함으로써 원만한 자비를 성취하고, 자비심으로 중생들을 따라줌으로써 부처님께 공양을 올리는 것이니라. 보살은 이와 같이 중생을 따라주어야 하느니라. 허공계가 다하고 우리들 중생의 세계가 다하고 중생의 업이 다하고 중생의 번뇌가 다할지라도 나의 따르는 일은 다함이 없을 것이니라. 순간마다 계속하여 끊임없어도 몸과 말과 뜻에는 조금도 지치거나 싫어함이 없느니라.

이 법문은 실생활에서도 깊이 명심해서 실천해야 할 부분이다. 남의 뜻을 받들어 존중하고 거기에 맞춰주는 것이 바로 공양이다. 중생공양이 제불공양이니, 남의 뜻에 맞춰주는 것이 불법의 실천이다.

손님이 설날에 아이들에게 세뱃돈을 주지만, 그것은 나에게 주는 것이나 마찬가지이다. 들판 모래사장에 서 있는 나무에 열매와 꽃이 잘 피지만 날이 가물고 거름이 없으면 말라 비틀어져 죽고 만다. 거름과 물을 꽃과 잎, 열매에 뿌려주면 나무는 죽는다. 대신 거름과 물을 뿌리에 주면 꽃과 열매가 함께 기쁘게 자라난다.

부처님은 열매요 보살은 꽃이며, 중생은 뿌리와 같은 것이다. 중생이 아프면 부처님은 더 아프다. 남편을 잘 공양하는 것이 부처님을 공양하는 것이다. 시부모를 잘 모시는 게 살아있는 공양이다. 이웃, 친척, 친구, 남편, 며느리에게 잘 하는 것이 훌륭한 공양이다.

중노릇도 별 것이 없다. 잘 하면 된다. 여러 소리 할 것이 없는 것이다. 항상 남의 마음을 헤아려 존중하는 삶을 사는 것이 잘 사는 길이다.

마지막은 사람들에게 자신이 지은 공덕을 회향하는 보현행원이다.

선남자여, 모두 다 돌려준다는 것은 무슨 뜻인가.

처음 예배하고 공경함으로부터 이웃의 뜻에 이르기까지 그 모든 공덕을 온 법계에 있는 모든 중생에게 돌려보내어 중생으로 하여금 항상 평안하고 즐겁고 병고가 없게 하느니라.

나쁜 짓은 하나도 이루어지지 않고 착한 일은 모두 성취되며, 온갖 나쁜 길의 문은 닫아버리고 인간이나 천상이나 열반에 이르는 바른 길은 활짝 열어보이느니라.

중생이 쌓아온 나쁜 업으로 말미암아 받게 되는 온갖 무거운 고통의 과보를 내가 대신 받으며, 그 중생이 모두 다 해탈을 얻고 마침내는 더없이 훌륭한 보리를 성취하도록 힘쓰는 것이니라.

보살은 이와 같이 남김없이 돌려주느니라. 허공계가 다하고 우리들 이웃의 세계가 다하고 이웃의 업이 다하고 이웃의 번뇌가 다할지라도 나의 이 돌려줌은 다하지 않을 것이니라. 순간마다 계속하여 끊임없어도 몸과 말과 뜻에는 조금도 지치거나 싫어함이 없느니라.

　회향廻向이라는 말은 '돌이킬 회', '향할 향', 나한테 오는 것을 저쪽으로 돌이키는 것이다. 1주일에서부터 3·7일 기도를 통해 눈에 보이지 않게 얻어진 공덕을 모아서 일체 중생에게 돌리는 것이 회향이다.

　그런 의미에서 나의 공덕을 모든 분들께 회향하고자 한다. 50년 동안 가사 장삼을 입고 선방에서 참선하고 법당에서 기도하며, 절하고 법문한 공덕이 있다면 그 걸 한 톨도 안 남기고 여러분께 몽땅 시주하겠다. 그리고 여러분이 대신 몸, 입, 생각으로 지은 죄가 있다면 내가 짊어지고 가겠다.

　이제 '보현행원품'의 마지막으로서 한 생각에 모든 공덕을 다 성취하고 공부를 회향하는 단계이다.

　끝없는 시방세계 가득히 쌓은 칠보七寶로 부처님께 공양한다해도, 가장 좋은 기쁨으로 천상 인간을 무량겁이 다하도록 보시한다해도, 어떤 이가 기록한 이 서원을 한번 듣고 지성으로 믿음을 내어 좋은 보리 얻으려고 우러른다면 그 공덕이 저 복덕보다 훨씬 나으리.

나쁜 벗은 언제나 멀리 여의며 나쁜 세상 영원토록 만나지 않아 아미타 부처님을 빨리 뵈옵고 보현보살 좋은 서원 갖추리니, 이 사람은 훌륭한 목숨을 얻고 이 사람은 날 때마다 인간에 나서 이 사람은 오래잖아 보현보살의 저 같이 크신 행원 성취하리라.

지난 날 어리석고 지혜가 없어 다섯 가지 무간죄를 지었더라도 보현보살 이 서원을 읽고 외우면 한 생각에 죄업이 사라지리니. 날 때마다 가문 좋고 신수 잘 나고 복과 지혜 모든 공덕 다 원만하여 마군이나 외도들이 어쩔 수 없어 온 세상 이웃들이 좋은 공양 받으리라.

오래잖아 보리수 아래 앉아서 여러 가지 마군들을 항복받나니 정각을 성취하고 법을 설하여 끝없는 이웃들에 이익 주리라. 누구든지 보현보살 이 서원을 읽고 외워 받아 지녀 말한다면 부처님이 그 과보를 아시리니 반드시 보리도를 얻게 되리라. 누구든지 이 서원을 읽고 외우라. 그 선근의 한 부분을 내 말하리니 한 생각에 모든 공덕 다 성취하고 이웃들의 청정한 원 성취하리라.

바라건대 보현보살 거룩한 행 그지없이 행복한 복 다 돌려주어 삼계 고해 빠져 있는 모든 이웃들 평화로운 정토에 어서 가소서.

또한 이 사람이 목숨을 마치는 마지막 찰나에 육신은 모두 다 무너져 흩어지고 모든 친척권속은 다 버리고 떠나게 되고 일체위엄과 세력은 다

사라지고 정승대신과 좋은 집과 비밀창고와 모든 보배들이 하나도 따라오지 않지만 이 열 가지 서원은 서로 떠나지 아니하고 어느 때라도 항상 앞길을 인도하여 잠깐 동안에 극락세계에 왕생하고 즉시에 아미타불과 문수, 보현, 관음세지 보살 등을 뵈올 것이며 이 사람은 저절로 연꽃 위에 환생하여 부처님의 수기를 받고 무수한 백 천 만 억 나유타 겁을 지나면서 이루 다 말할 수 없는 세계를 다니면서 지혜의 힘으로 중생의 근기에 따라 이롭게 할 것이며 머지않아 보리도량에 앉아 마군을 항복 받아 정각을 이루며 미묘한 법문을 설하여 한량없는 중생들로 하여금 보리심을 내게 하고 오는 세월이 다하도록 모든 중생을 이롭게 할 것이니라.

이와 같이 '보현행원품'을 공부하는 공덕은 그 무엇에도 비할 수가 없다. 경문만 읽어도 춤이 덩실덩실 날 정도로 환희심이 나지 않는가. 불자들이 가정마다 '보현행원품'을 모시고 읽고 그대로 실천한다면 자신의 수행은 물론, 공덕을 모든 이에게 회향하는 일이 될 것이다.